한자능력검정시험 완벽 대비

7급 한자
쉽게 따기
하

성명제 엮음 · 김옥주 그림

효리원

한자능력검정시험이 뭐예요?

한자능력검정시험은 사단법인 한국어문회가 주관하고 한국한자능력검정회가 실시하는 한자 활용 능력 시험을 말합니다. 1992년 12월 9일 시작해서 2001년 1월 1일 이후 국가 공인 자격 시험으로 치러지고 있습니다.

한자능력검정시험은 언제, 어떻게 보나요?

한자능력검정시험은 공인 급수 시험(1급, 2급, 3급, 3급Ⅱ)과 교육 급수 시험(4급, 4급Ⅱ, 5급, 6급, 6급Ⅱ, 7급, 8급)으로 나뉘어 2월, 5월, 8월, 11월, 1년에 4번 실시합니다.
(더 자세한 내용은 한국한자능력검정회 홈페이지를 참조하세요. http://www.hanja.re.kr)

한자능력검정시험에는 어떤 문제가 나오나요?

시험에 나오는 급수별 내용은 다음과 같습니다.

한자능력검정시험 출제 유형

구분	공인 급수				교육 급수						
	1급	2급	3급	3급Ⅱ	4급	4급Ⅱ	5급	6급	6급Ⅱ	7급	8급
읽기 배정 한자	3,500	2,355	1,817	1,500	1,000	750	500	300	300	150	50
쓰기 배정 한자	2,005	1,817	1,000	750	500	400	300	150	50	0	0
독음	50	45	45	45	30	35	35	33	32	32	24
훈음	32	27	27	27	22	22	23	22	29	30	24
장단음	10	5	5	5	5	0	0	0	0	0	0
반의어	10	10	10	10	3	3	3	3	2	2	0
완성형	15	10	10	10	5	5	4	3	2	2	0
부수	10	5	5	5	3	3	0	0	0	0	0
동의어	10	5	5	5	3	3	3	2	0	0	0
동음이의어	10	5	5	5	3	3	3	2	0	0	0
뜻풀이	10	5	5	5	3	3	3	2	2	2	0
필순	0	0	0	0	0	0	3	3	3	2	2
약자	3	3	3	3	3	3	3	0	0	0	0
한자 쓰기	40	30	30	30	20	20	20	20	10	0	0
출제 문항 수	200	150	150	150	100	100	100	90	80	70	50

상위 급수 한자는 모두 하위 급수 한자를 포함하고 있습니다.
쓰기 배정 한자는 한두 급수 아래의 읽기 배정 한자이거나 그 범위 안에 있습니다.
이 출제 유형은 기본 자료로서 출제자의 의도에 따라 차이가 있을 수 있습니다.

한자를 예쁘게 쓰는 방법

한자는 획수가 복잡하면서도 일정한 순서를 가지고 있습니다. 이를 쓰는 순서, '필순'이라고 합니다. 따라서 한자는 정해진 필순에 따라 써야 합니다.

첫째, 가로를 먼저 긋고 그다음 세로를 내립니다. 둘째, 왼쪽에서 오른쪽 순서로 써 내려갑니다. 셋째, 위에서 아래로 차례로 써 내려갑니다.

가로 먼저 긋고 세로 내리기	十	十 十
왼쪽에서 오른쪽으로	川	川 川 川
위에서 아래로	言	言 言 言 言 言 言
중심에서 좌우로	水	水 水 水 水
바깥에서 안으로	因	因 因 因 因 因
가로 긋고 삐치기	左	左 左 左 左 左
왼쪽 먼저 삐치고 오른쪽 삐치기	父	父 父 父 父
꿰뚫는 획은 맨 끝에 긋기	車	車 車 車 車 車 車 車

한자를 예쁘게 쓰려면 위와 같은 정해진 필순에 따라 쓰는 것은 물론, 한자마다 가지고 있는 획의 모양을 잘 살려 써야 합니다. 永(길 영) 자로 몇 가지 쓰는 방법을 알아볼까요?

첫째, 가로획은 5~10도 가량 비스듬하게 올려 써야 합니다. (永,軍,國,室,木) 단, 맨 아랫부분 가로획은 10도로 비스듬히 올리지 않고, 수평에 가까운 느낌으로 써야 합니다. (軍,國,室)

둘째, 세로로 내리는 획은 끝을 살짝 삐쳐 올리는 획(永)과 삐쳐 올리지 않고 그대로 내려 긋는 획(木)을 잘 구분해서 써야 예쁜 글씨가 됩니다.

셋째, 길게 왼쪽으로 삐치는 획은 전체가 살짝 휘어진 듯 써야 예쁜 모양이 됩니다. (永)

넷째, 오른쪽으로 삐치는 획은 힘차게 빼다가 끝 부분에서 힘을 빼듯 살짝 삐쳐 주어야 예쁜 모양이 됩니다. (永)

차례

제10과
계절과 시간편
- 春 봄 춘 ----- 5
- 夏 여름 하 ----- 6
- 秋 가을 추 ----- 7
- 冬 겨울 동 ----- 8
- 午 낮 오 ----- 9
- 夕 저녁 석 ----- 10
- 時 때 시 ----- 11
- 來 올 래 ----- 12
- 年 해 년 ----- 13
- 每 매양 매 ----- 14
- 電 번개 전 ----- 15
- 기출 및 예상 문제 ----- 16

제11과
방위편
- 上 윗 상 ----- 18
- 下 아래 하 ----- 19
- 左 왼 좌 ----- 20
- 右 오른 우 ----- 21
- 前 앞 전 ----- 22
- 後 뒤 후 ----- 23
- 間 사이 간 ----- 24
- 기출 및 예상 문제 ----- 25

제12과
위치와 방향편
- 東 동녘 동 ----- 27
- 西 서녘 서 ----- 28
- 南 남녘 남 ----- 29
- 北 북녘 북 ----- 30
- 內 안 내 ----- 31
- 外 바깥 외 ----- 32
- 出 날 출 ----- 33
- 入 들 입 ----- 34
- 方 모 방 ----- 35
- 所 바/곳 소 ----- 36
- 기출 및 예상 문제 ----- 37

제13과
나라편
- 韓 나라/한국 한 ----- 38
- 民 백성 민 ----- 39
- 國 나라 국 ----- 40
- 軍 군사 군 ----- 41
- 王 임금 왕 ----- 42
- 立 설 립 ----- 43
- 世 인간 세 ----- 44
- 漢 한나라 한 ----- 45
- 市 저자 시 ----- 46
- 旗 기 기 ----- 47
- 기출 및 예상 문제 ----- 48

제14과
사회편
- 正 바를 정 ----- 49
- 直 곧을 직 ----- 50
- 事 일 사 ----- 51
- 工 장인 공 ----- 52
- 姓 성씨 성 ----- 53
- 名 이름 명 ----- 54
- 物 물건 물 ----- 55
- 車 수레 거/차 ----- 56
- 主 주인 주 ----- 57
- 기출 및 예상 문제 ----- 58

제15과
마을편
- 洞 골(마을) 동 ----- 60
- 邑 고을 읍 ----- 61
- 里 마을 리 ----- 62
- 村 마을 촌 ----- 63
- 場 마당 장 ----- 64
- 農 농사 농 ----- 65
- 同 한가지 동 ----- 66
- 기출 및 예상 문제 ----- 67

제16과
수량과 색깔편
- 大 큰 대 ----- 69
- 中 가운데 중 ----- 70
- 小 작을 소 ----- 71
- 平 평평할 평 ----- 72
- 少 적을 소 ----- 73
- 重 무거울 중 ----- 74
- 長 어른/길 장 ----- 75
- 靑 푸를 청 ----- 76
- 白 흰 백 ----- 77
- 色 빛 색 ----- 78
- 기출 및 예상 문제 ----- 79

제17과
인생편
- 人 사람 인 ----- 80
- 老 늙을 로 ----- 81
- 命 목숨 명 ----- 82
- 活 살 활 ----- 83
- 不 아닐 불/부 ----- 84
- 有 있을 유 ----- 85
- 空 빌(비다) 공 ----- 86
- 全 온전할 전 ----- 87
- 기출 및 예상 문제 ----- 88

기출 및 예상 문제·모의 한자능력검정시험 정답 ----- 90
7급 모의 한자능력검정시험 답안지 ----- 91
7급 모의 한자능력검정시험(3회)

제10과 계절과 시간편　　　　　　　　　　　　　　　월　　일　　확인

艸+屯+日→春

艸(풀 초) 자와 屯(진 칠 둔) 자, 日(날 일) 자가 합쳐진 글자로, 추위 때문에 웅크리고 있던 풀이 햇빛을 받아 싹이 돋아난다는 데서 '봄'을 나타냅니다.

봄 춘 (日부수, 5획)　　**필순**(9획) 春 春 春 春 春 春 春 春 春

✏️ 필순에 따라 春을 쓰세요.

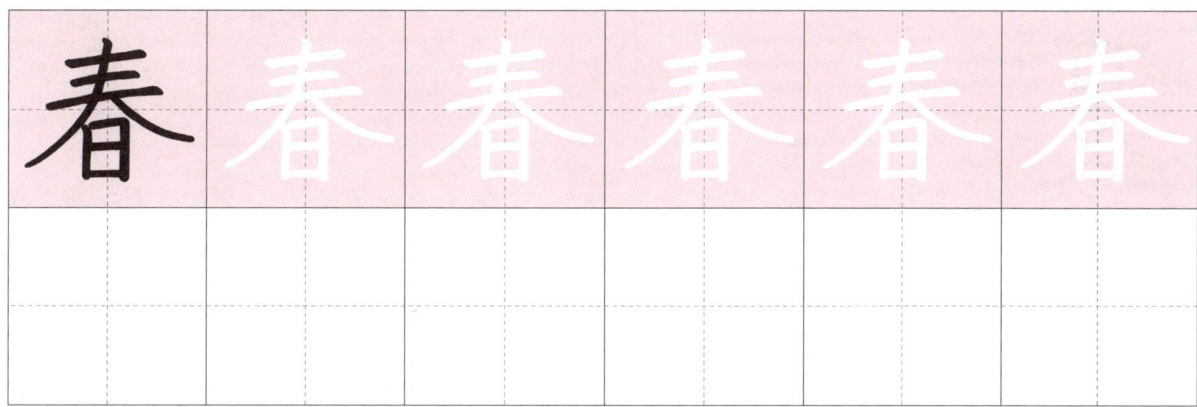

✏️ 필순에 따라 春을 쓰고 훈과 음을 쓰세요.

春	春	春	春	春	春	春
봄 춘	봄 춘					

✏️ 春의 부수를 쓰고 이름을 써 보세요.　**필순**(4획) 日 日 日 日

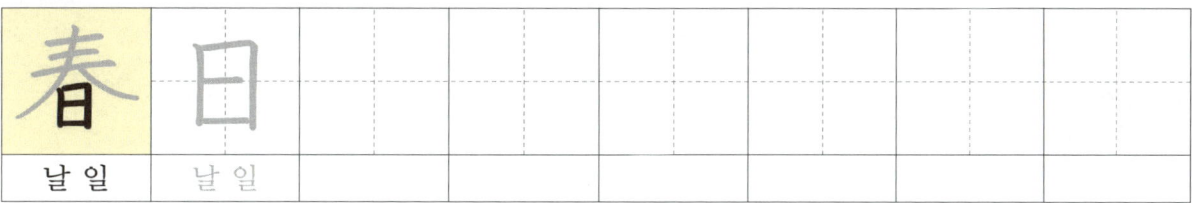

青春(청춘) – '만물이 푸른 봄'이라는 뜻으로, 젊은 나이를 비유.
立春(입춘) – 우리나라 24절기의 시작으로, 양력 2월 4일경.

제10과 계절과 시간편　　　　　　　　　　　월　　일　　확인

頁 + 夂 → 夏

頁(머리 혈) 자와 夂(천천히 걸을 쇠) 자가 합쳐진 글자로, 머리가 뜨거워서 천천히 걷는다는 데서 '여름'을 나타냅니다.

여름 하 (夂부수, 7획)　　필순(10획) 夏夏夏夏夏夏夏夏夏夏

✏️ 필순에 따라 夏를 쓰세요.

✏️ 필순에 따라 夏를 쓰고 훈과 음을 쓰세요.

| 여름 하 | 여름 하 | | | | | |

✏️ 夏의 부수를 쓰고 이름을 써 보세요. ｜ 필순(3획) 夂夂夂

| 夏 | 夂 | | | | | | | |
| 천천히 걸을 쇠 | 천천히 걸을 쇠 | | | | | | | |

夏季(하계) – 여름철.
夏至(하지) – 24절기의 하나로, 양력 6월 21일경. 1년 중 낮의 길이가 가장 길다.

제10과 계절과 시간편 월 일

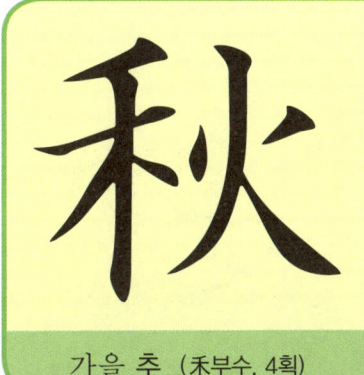

禾 + 火 → 秋

禾(벼 화) 자와 火(불 화) 자가 합쳐진 글자로, 곡식을 베어서 불에 말린다고 하여 '가을'을 나타냅니다.

가을 추 (禾부수, 4획) 필순(9획) 秋秋秋秋秋秋秋秋秋

✏️ 필순에 따라 秋를 쓰세요.

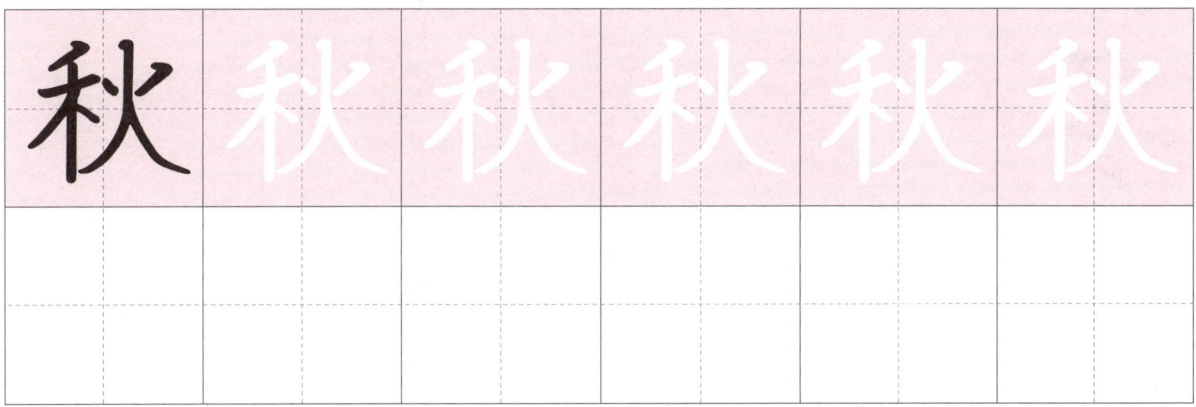

✏️ 필순에 따라 秋를 쓰고 훈과 음을 쓰세요.

秋	秋	秋	秋	秋	秋	秋
가을 추	가을 추					

✏️ 秋의 부수를 쓰고 이름을 써 보세요. | 필순(5획) 禾禾禾禾禾

春秋(춘추) – 봄과 가을을 나타냄.
秋收(추수) – 가을에 익은 곡식을 거두어들임.

제10과 계절과 시간편

월   일   확인

夂 + 氷(=冫) → 冬

夂(뒤쳐져 올 치) 자와 氷(얼음 빙) 자가 합쳐진 글자로, 얼음이 얼고 사계절 중 가장 늦게 오는 계절인 '겨울'을 나타냅니다.

겨울 동 (冫(=氷)부수, 3획)   필순(5획) 冬 冬 冬 冬 冬

✏ 필순에 따라 冬을 쓰세요.

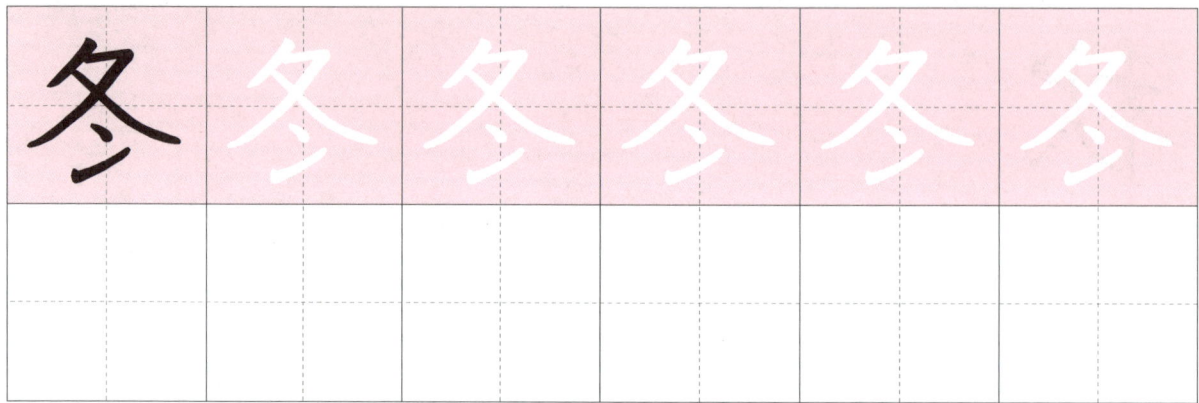

✏ 필순에 따라 冬을 쓰고 훈과 음을 쓰세요.

冬	冬	冬	冬	冬	冬	冬
겨울 동	겨울 동					

✏ 冬의 부수를 쓰고 이름을 써 보세요.   필순(5획) 氷 氷 氷 氷 氷

冬	氷					
얼음 빙	얼음 빙					

越冬(월동) – 겨울을 나는 것.
冬至(동지) – 1년 중 밤이 가장 긴 날로, 양력 12월 22일경.

제10과 계절과 시간편　　　　　　　　　　　　　　　　　월　일　확인

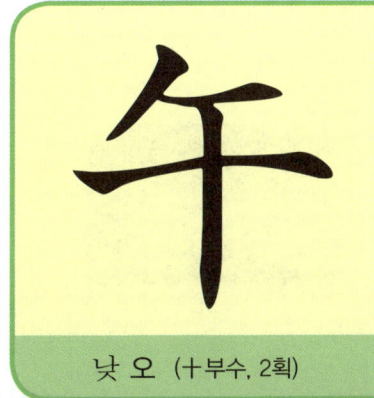

午

낮 오 (十부수, 2획)

ᅩ → 午 → 午

해가 막대기 중앙에 걸려 있는 모양을 본뜬 글자로, '낮'을 나타냅니다.

필순(4획) 午午午午

✏️ 필순에 따라 午를 쓰세요.

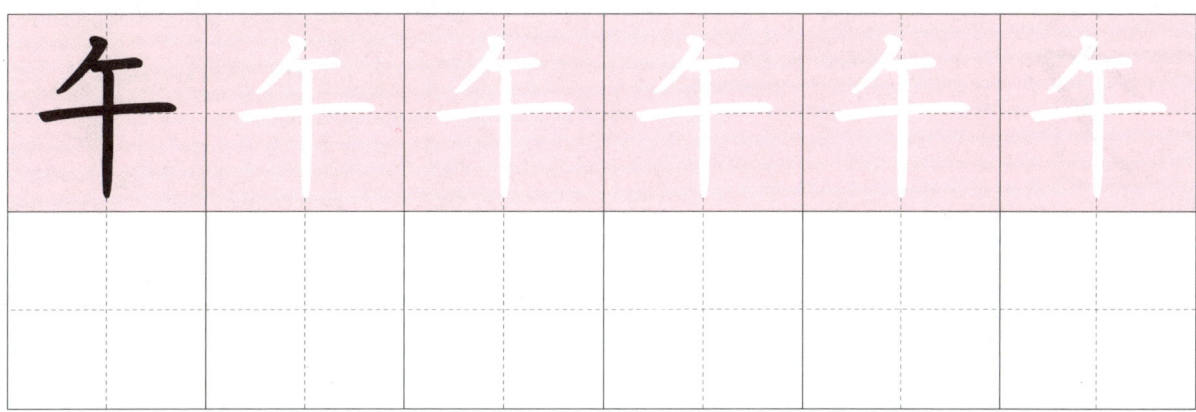

✏️ 필순에 따라 午를 쓰고 훈과 음을 쓰세요.

낮 오 | 낮 오

✏️ 午의 부수를 쓰고 이름을 써 보세요. | 필순(2획) 十 十

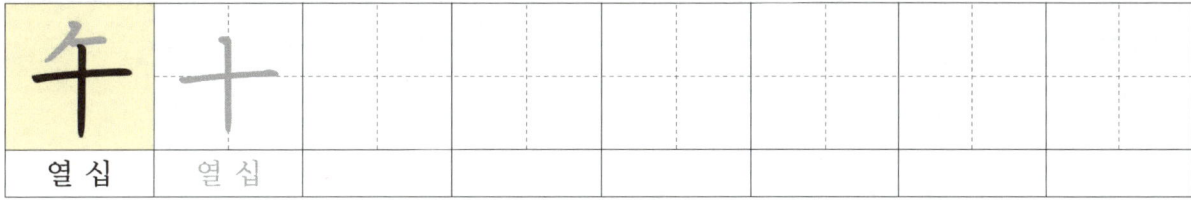

午 | 十
열 십 | 열 십

正午(정오) – 낮 12시.
午後(오후) – 정오부터 밤 12시까지의 시간.

9

제10과 계절과 시간편 월   일   확인

𠂆 ▸ 夕 ▸ 夕

달이 반만 떠 있는 모양을 본뜬 글자로, '저녁'을 나타냅니다.

저녁 석 (夕부수, 0획)   필순(3획) 夕 夕 夕

✏️ 필순에 따라 夕을 쓰세요.

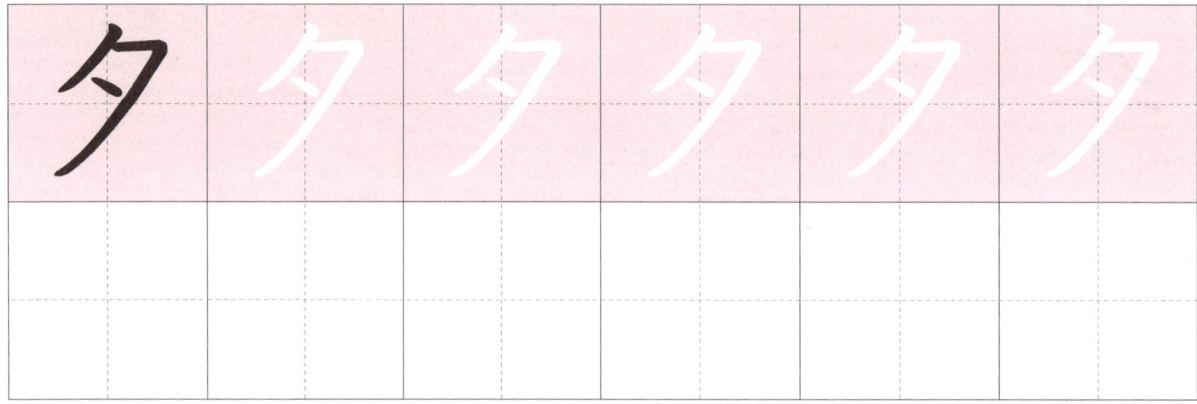

✏️ 필순에 따라 夕을 쓰고 훈과 음을 쓰세요.

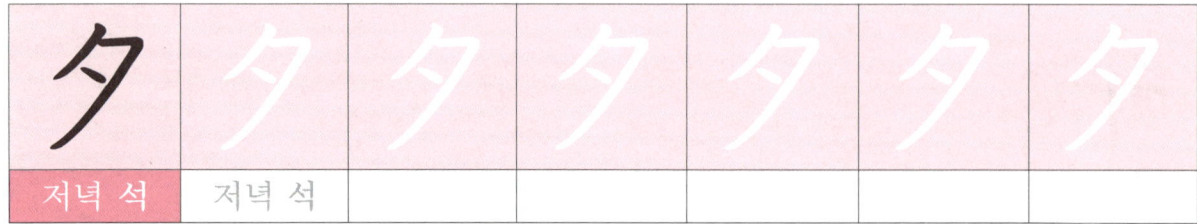

✏️ 夕의 부수를 쓰고 이름을 써 보세요. | 필순(3획) 夕 夕 夕

秋夕(추석) - 우리나라의 대표적인 명절 중 하나로, 음력 8월 보름.
朝夕(조석) - 아침과 저녁.

제10과 계절과 시간편   월   일

때 시 (日부수, 6획)

日 + 寺 → 時

日(날 일) 자와 寺(절 사) 자가 합쳐진 글자로, 하루의 시간을 절에서 종을 쳐 알려 준다는 데서 '때'를 나타냅니다.

필순(10획) 時 時 時 時 時 時 時 時 時 時

✏️ 필순에 따라 時를 쓰세요.

時	時	時	時	時	時

✏️ 필순에 따라 時를 쓰고 훈과 음을 쓰세요.

時	時	時	時	時	時	時
때 시	때 시					

✏️ 時의 부수를 쓰고 이름을 써 보세요. | 필순(4획) 日 日 日 日

時	日						
날 일	날 일						

一時(일시) – 한때. 한동안.
時計(시계) – 시간을 재거나 시각을 나타내는 기계.

제10과 계절과 시간편　　　　　　　　　　　　　월　　일　　확인

보리의 모양을 본뜬 글자로, 보리는 하늘로부터 전하여 온다고 믿었기 때문에 '오다'라는 뜻을 나타냅니다.

올 래(내) (人부수, 6획)　　필순(8획) 來 來 來 來 來 來 來 來

✏️ 필순에 따라 來를 쓰세요.

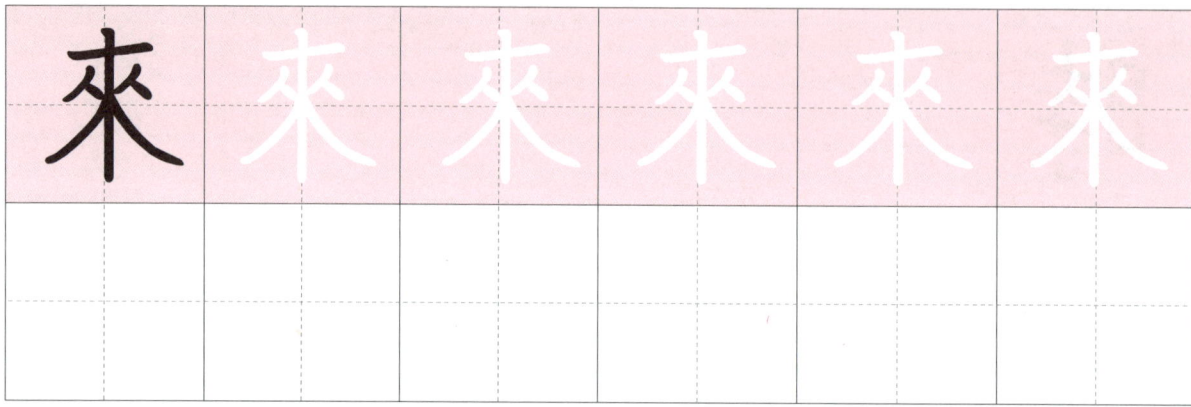

✏️ 필순에 따라 來를 쓰고 훈과 음을 쓰세요.

來	來	來	來	來	來	來
올래	올래					

✏️ 來의 부수를 쓰고 이름을 써 보세요. | 필순(2획) 人 人

來年(내년) – 올해의 다음 해.
未來(미래) – 아직 오지 않은 때.

제10과 계절과 시간편　　　　　　　　　　　　　　　　　월　　일

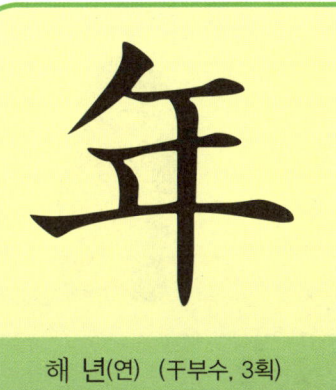

벼를 어깨에 짊어진 사람의 모습을 본뜬 글자로, 곡물이 익어서 수확하게 되기까지의 기간인 '1년'을 나타냅니다.

해 년(연) (干부수, 3획)　　필순(6획) 年 年 年 年 年 年

✏️ 필순에 따라 年을 쓰세요.

✏️ 필순에 따라 年을 쓰고 훈과 음을 쓰세요.

| 해 년 | 해 년 | | | | | | |

✏️ 年의 부수를 쓰고 이름을 써 보세요. | 필순(3획) 干 干 干

| 방패 간 | 방패 간 | | | | | | |

豊年(풍년) – 농사가 잘된 해.
少年(소년) – 나이 어린 남자아이.

제10과 계절과 시간편　　　　　　　　　　　　　　　　월　　일

丿(=ノ) + 母 → 每

丿(싹 날 철) 자와 母(어머니 모) 자가 합쳐진 글자로, 어머니의 사랑이 항상 한결같음을 나타냅니다. '매양'은 '항상'을 뜻하는 순 우리말입니다.

매양(항상) 매　(母부수, 3획)　　필순(7획)　每每每每每每每

✏ 필순에 따라 每를 쓰세요.

✏ 필순에 따라 每를 쓰고 훈과 음을 쓰세요.

每	每					
매양 매	매양 매					

✏ 每의 부수를 쓰고 이름을 써 보세요. ｜ 필순(4획) 母母母母

母	母					
말 무	말 무					

每週(매주) – 각각의 주마다.
每番(매번) – 매 때마다. 번번이.

제10과 계절과 시간편

雨 + 申 → 電

雨(비 우) 자와 申(거듭 신) 자가 합쳐진 글자로, 비가 많이 올 때는 번개가 친다는 뜻으로 '번개'를 나타냅니다.

번개 전 (雨부수, 5획)

필순(13획) 電電電電電電電電電電電電電

✏️ 필순에 따라 電을 쓰세요.

✏️ 필순에 따라 電을 쓰고 훈과 음을 쓰세요.

번개 전 | 번개 전

✏️ 電의 부수를 쓰고 이름을 써 보세요. | 필순(8획) 雨雨雨雨雨雨雨

電 | 雨
비 우 | 비 우

電球(전구) – 전기로 빛을 내는 둥근 유리 기구.
停電(정전) – 전기가 한때 끊어짐.

기출 및 예상 문제

※ 다음 글을 읽고 |보기|와 같이 한자의 독음을 쓰세요.

|보기|
漢字 → 한자

- 來⑴年⑵ 秋⑶夕⑷에는 꼭 할머니 댁에 가고 싶습니다.
- 午⑸전 내내 우리 동네는 정電⑹이었습니다.

(1) 來 (   )   (2) 年 (   )   (3) 秋 (   )
(4) 夕 (   )   (5) 午 (   )   (6) 電 (   )

※ 밑줄 친 단어와 같은 뜻을 지닌 한자를 |보기|에서 골라 번호를 쓰세요.

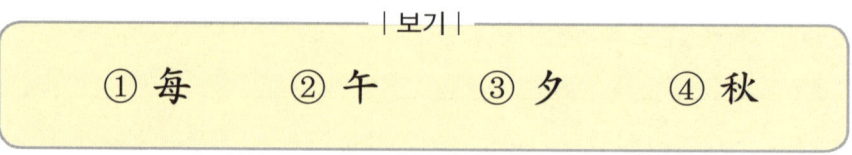

(7) 학원에서 돌아오면 저녁입니다. (   )

(8) 여름이 되니 낮이 길어졌습니다. (   )

(9) 가을은 독서의 계절입니다. (   )

(10) 선생님은 항상 친절하십니다. (   )

※ 다음 한자어의 뜻을 우리말로 쓰세요.

(11) 春秋 (   )
(12) 一時 (   )

기출 및 예상 문제

※ 밑줄 친 한자의 훈(뜻)과 음(소리)을 쓰세요.

(13) 올해 농사는 풍年입니다.　　　　　훈(뜻) _____ 음(소리) _____

(14) 午전 중에 이 일을 끝내야 합니다.　훈(뜻) _____ 음(소리) _____

(15) 우리 아빠는 「맨발의 청春」이라는 영화를 무척 좋아합니다.

　　　　　　　　　　　　　　　　　　훈(뜻) _____ 음(소리) _____

(16) 해운대 일대가 모두 정電이 되었습니다.　훈(뜻) _____ 음(소리) _____

(17) 미담이는 時계를 선물로 받았습니다.　훈(뜻) _____ 음(소리) _____

(18) 추夕이 되면 송편을 먹습니다.　　　훈(뜻) _____ 음(소리) _____

※ 다음은 필순에 대한 문제입니다. 물음에 답하세요.

(19) 夏 필순대로 쓸 경우 ㉠은 몇 번째 필순에 해당하는지 아래에서 골라 번호를 쓰세요. (　　)

① 세 번째　　② 다섯 번째
③ 여섯 번째　④ 여덟 번째

(20) 時 필순대로 쓸 경우 ㉠은 몇 번째 필순에 해당하는지 아래에서 골라 번호를 쓰세요. (　　)

① 여섯 번째　② 일곱 번째
③ 여덟 번째　④ 아홉 번째

제11과 방위편　　　　　　　　　　　　　　　　　월　　일

땅 위에 선을 긋고 그 위에 점을 찍어 '위'를 나타낸 한자입니다.

윗 상 (一부수, 2획)　　필순(3획) 上 上 上

✏️ 필순에 따라 上을 쓰세요.

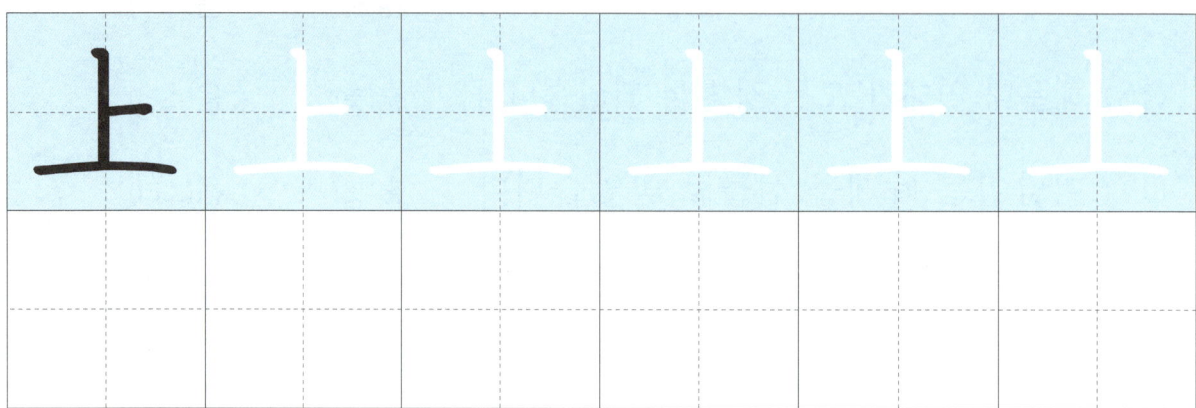

✏️ 필순에 따라 上을 쓰고 훈과 음을 쓰세요.

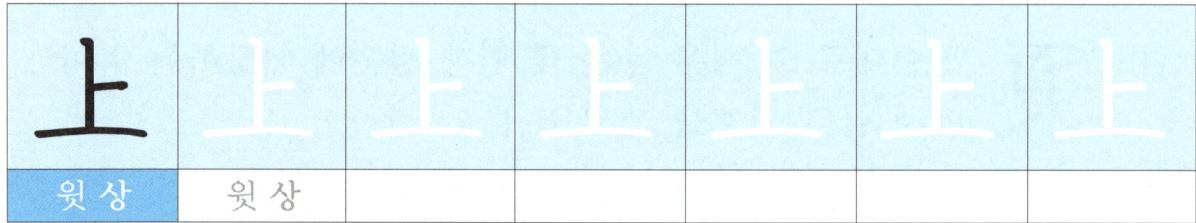

✏️ 上의 부수를 쓰고 이름을 써 보세요. | 필순(1획) 一

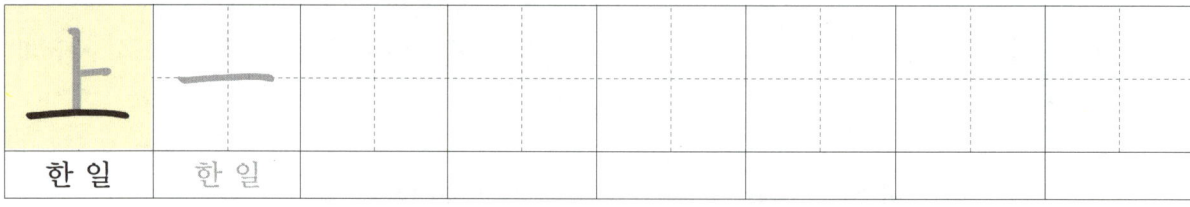

屋上(옥상) - 지붕 위.
年上(연상) - 자기보다 나이가 많음.

제11과 방위편 월 일

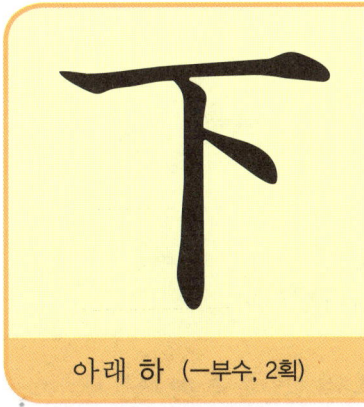

아래 하 (一부수, 2획)

땅 위에 선을 긋고 그 아래에 점을 찍어 '아래'를 나타낸 한자입니다.

필순(3획) 下 下 下

✏️ 필순에 따라 下를 쓰세요.

下	下	下	下	下	下

✏️ 필순에 따라 下를 쓰고 훈과 음을 쓰세요.

下	下	下	下	下	下	下
아래 하	아래 하					

✏️ 下의 부수를 쓰고 이름을 써 보세요. | **필순**(1획) 一

下	一					
한 일	한 일					

年下(연하) – 나이가 적음.
下山(하산) – 산에서 내려오거나 내려감.

제11과 방위편

又(=ナ)+工→左

又(또 우, 엄지와 검지를 모아 쥔 모양을 본뜬 글자) 자와 工(장인 공) 자가 합쳐진 글자로, 장인이 도구를 가지고 일할 때 왼손으로 쥔다고 하여 '왼쪽'을 나타냅니다.

왼 좌 (工부수, 2획)

필순(5획) 左左左左左

✏ 필순에 따라 左를 쓰세요.

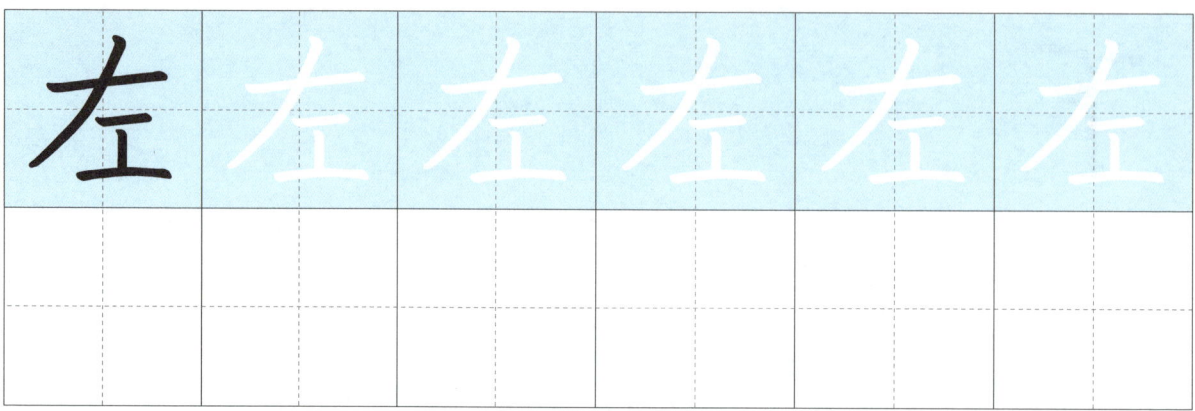

✏ 필순에 따라 左를 쓰고 훈과 음을 쓰세요.

左	左	左	左	左	左
왼 좌	왼 좌				

✏ 左의 부수를 쓰고 이름을 써 보세요. | 필순(3획) 工 工 工

左	工				
장인 공	장인 공				

左右(좌우) - 왼쪽과 오른쪽.
左向左(좌향좌) - 선 자세에서 왼쪽으로 90도 돌라는 말.

제11과 방위편　　　　　　　　　　　　　　　　　　　　　월　　　일　　확인

又(=𠂇)+口→右

又(또 우) 자와 口(입 구) 자가 합쳐진 글자로, 식사할 때 밥을 먹는 손으로서 '오른쪽'을 나타냅니다.

오른 우 (口부수, 2획)　　필순(5획) 右右右右右

✏️ 필순에 따라 右를 쓰세요.

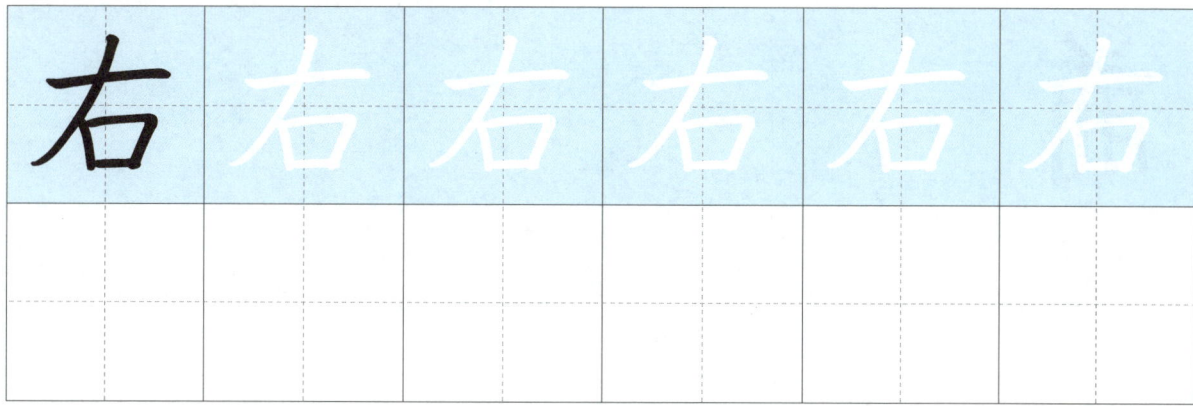

✏️ 필순에 따라 右를 쓰고 훈과 음을 쓰세요.

右	右	右	右	右	右	右
오른 우	오른 우					

✏️ 右의 부수를 쓰고 이름을 써 보세요. ｜ 필순(3획) 口 口 口

右	口					
입 구	입 구					

右向右(우향우) - 선 자세에서 오른쪽으로 90도 돌라는 말.
座右銘(좌우명) - 늘 가까이 적어 두고 일상의 경계로 삼는 말이나 글.

제11과 방위편   월   일   확인

止 + 舟 + 刀(=刂) ➔ 前

止(그칠 지) 자와 舟(배 주) 자, 刀(칼 도) 자가 합쳐진 글자로, 칼로 자르듯 배와 사람의 발이 앞으로 나아가는 것을 나타내어 '앞'을 뜻합니다.

앞 전 (刂(=刀)부수, 7획)   필순(9획) 前 前 前 前 前 前 前 前

✏️ 필순에 따라 前을 쓰세요.

✏️ 필순에 따라 前을 쓰고 훈과 음을 쓰세요.

前	前	前	前	前	前	前
앞 전	앞 전					

✏️ 前의 부수를 쓰고 이름을 써 보세요. | 필순(2획) 刀 刀 (刀=刂)

前	刀					
칼 도	칼 도					

午前(오전) – 0시부터 낮 12시까지의 시간.
前進(전진) – 앞으로 나아감.

제11과 방위편　　　　　　　　　　　　　　　월　　일

彳 + 幺 + 夊 → 後

彳(조금 걸을 척) 자와 幺(작을 요) 자, 夊(뒤처져 올 치) 자가 합쳐진 글자로, 조금씩 내디디며 걷기 때문에 뒤처져 온다는 데서 '뒤'를 나타냅니다.

뒤 후 (彳부수, 6획)　　필순(9획) 後後後後後後後後後

✏️ 필순에 따라 後를 쓰세요.

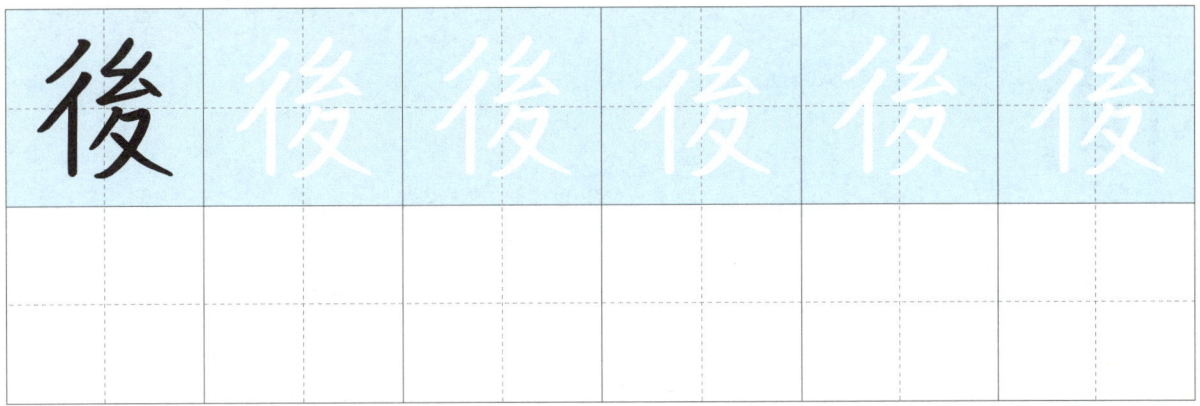

✏️ 필순에 따라 後를 쓰고 훈과 음을 쓰세요.

後					
뒤 후	뒤 후				

✏️ 後의 부수를 쓰고 이름을 써 보세요. | 필순(3획) 彳彳彳

後	彳				
조금 걸을 척	조금 걸을 척				

後輩(후배) – 나이나 지위 등이 아래인 사람.
前後(전후) – 앞뒤.

제11과 방위편　　　　　　　　　　　　　　　　　　　　　　　　월　　일　　확인

門+月(→日)→間

門(문문) 자와 月(달 월) 자가 합쳐진 글자로, 달빛이 방문 사이로 비치는 모양으로 '사이'를 나타냅니다.

사이 간 (門부수, 4획)

필순(12획) 間 間 間 間 間 間 間 間 間 間 間 間

✏️ 필순에 따라 間을 쓰세요.

間	間	間	間	間	間

✏️ 필순에 따라 間을 쓰고 훈과 음을 쓰세요.

間	間	間	間	間	間	間
사이 간	사이 간					

✏️ 間의 부수를 쓰고 이름을 써 보세요. | 필순(8획) 門 門 門 門 門 門 門 門

間	門						
문 문	문 문						

空間(공간) - 아무것도 없이 비어 있는 곳.
點心時間(점심시간) - 점심을 먹는 시간, 혹은 점심 먹고 휴식하는 시간.

기출 및 예상 문제

※ 옛날 옛날에 엄마 청개구리와 아들 청개구리가 살았습니다. 아들 청개구리는 엄마 청개구리가 말하는 반대로 행동하기를 좋아했습니다. 하루는 엄마 청개구리가 아들 청개구리에게 한자를 가르쳐 주며 따라 읽어 보라고 했습니다. 그러나 아들 청개구리는 오늘도 반대로 읽었습니다. 아들 청개구리가 어떻게 반대로 읽는지 한번 맞혀 보세요. |보기|에서 알맞은 번호를 골라 쓰세요.

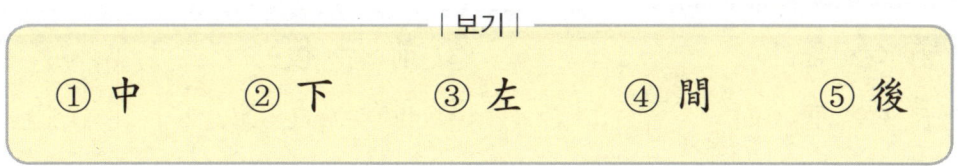

(1) 엄마 청개구리가 上을 가르쳐 주었습니다. 아들 청개구리는 어떻게 읽었을까요? (   )

(2) 엄마 청개구리가 右를 가르쳐 주었습니다. 아들 청개구리는 어떻게 읽었을까요? (   )

(3) 엄마 청개구리가 前을 가르쳐 주었습니다. 아들 청개구리는 어떻게 읽었을까요? (   )

※ 한자의 짝을 찾아보세요.

(4) 뜻이 서로 반대되거나 상대되는 한자의 짝을 골라 보세요. (   )
　① 上 ⇔ 下　　　　② 山 ⇔ 花
　③ 內 ⇔ 右　　　　④ 東 ⇔ 春

기출 및 예상 문제

(5) 뜻이 서로 반대되거나 상대되는 한자의 짝을 골라 보세요. (   )
　　① 大 ⇔ 中　　　② 父 ⇔ 兄
　　③ 手 ⇔ 口　　　④ 左 ⇔ 右

(6) 뜻이 서로 반대되거나 상대되는 한자의 짝을 골라 보세요. (   )
　　① 前 ⇔ 名　　　② 前 ⇔ 後
　　③ 長 ⇔ 重　　　④ 世 ⇔ 九

※ 운전할 때 자주 사용되는 말들입니다. 아래 밑줄 친 낱말의 뜻에 알맞은 한자를 |보기|에서 찾아 번호를 쓰세요.

|보기|
① 間　② 上　③ 後
④ 前　⑤ 下　⑥ 右

(7) 뒤로 후진하세요. (   )

(8) 우회전하세요. (   )

(9) 저 사이로 들어가시면 돼요. (   )

(10) 위에 있는 룸미러로 뒤를 확인하세요. (   )

(11) 발 아래에 있는 액셀러레이터를 밟으세요. (   )

(12) 앞으로 쭉 가세요. (   )

제12과 위치와 방향편

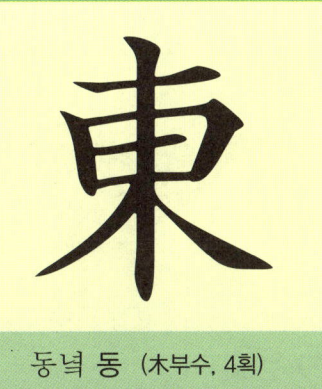

아침에 떠오른 해가 나뭇가지에 걸린 모양을 본뜬 글자로, '동쪽'을 나타냅니다.

동녘 동 (木부수, 4획)

필순(8획) 東 東 東 東 東 東 東 東

✏️ 필순에 따라 東을 쓰세요.

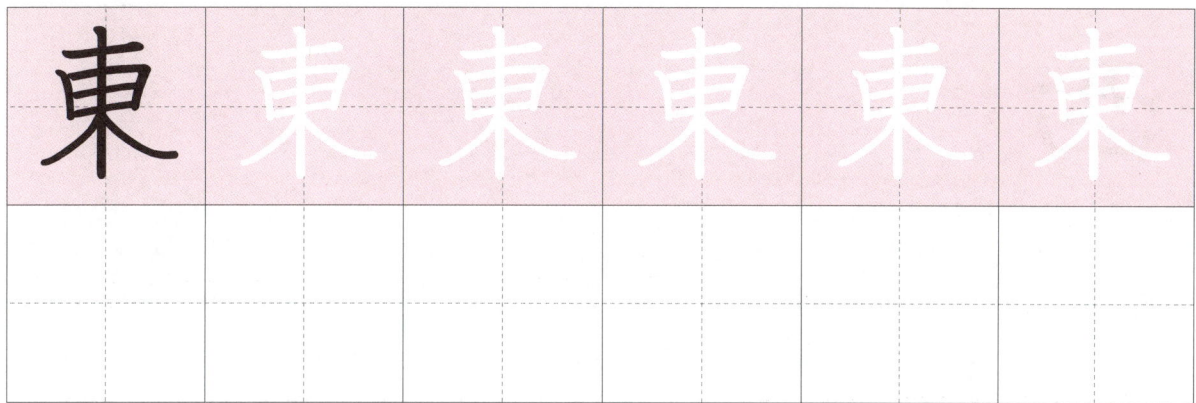

✏️ 필순에 따라 東을 쓰고 훈과 음을 쓰세요.

東	東	東	東	東	東	東
동녘 동	동녘 동					

✏️ 東의 부수를 쓰고 이름을 써 보세요. | **필순**(4획) 木 木 木 木

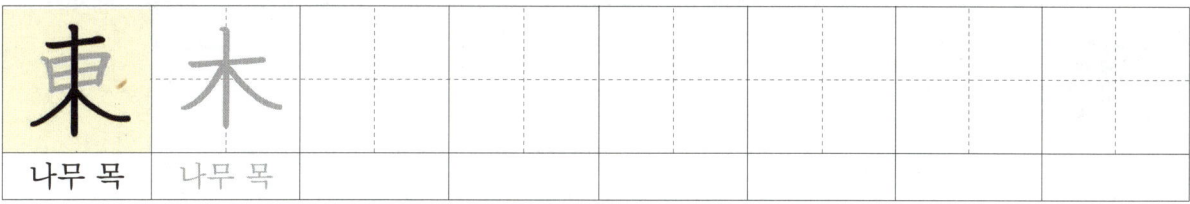

東方(동방) – 동쪽에 있는 지형이나 지방.
東門(동문) – 동쪽으로 난 문.

제12과 위치와 방향편   월   일   확인

해가 지는 저녁 무렵 새가 돌아온 둥지의 모양을 본뜬 글자로, '서쪽'을 나타냅니다.

서녘 서 (襾부수, 0획)   필순(6획) 西西西西西西

✏️ 필순에 따라 西를 쓰세요.

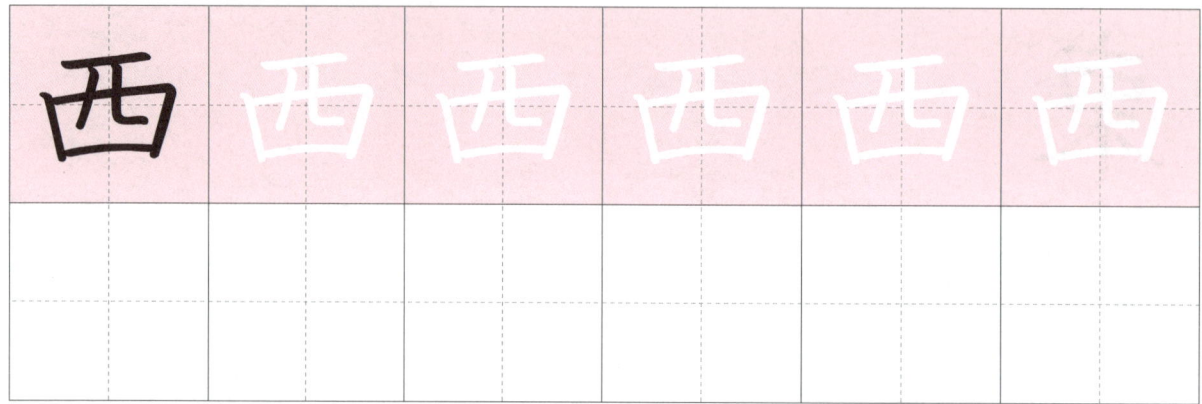

✏️ 필순에 따라 西를 쓰고 훈과 음을 쓰세요.

西	西	西	西	西	西	西
서녘 서	서녘 서					

✏️ 西의 부수를 쓰고 이름을 써 보세요. | 필순(6획) 襾襾襾襾襾襾

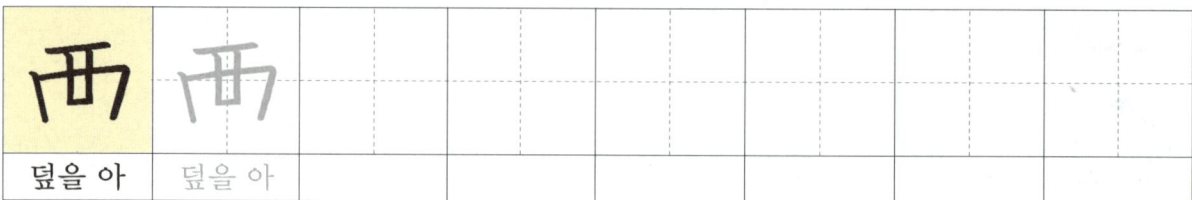

東西(동서) – 동쪽과 서쪽, 또는 동양과 서양.
西方(서방) – 서쪽 방향, 또는 서방 국가의 준말.

제12과 위치와 방향편　　　　　　　　　　　월　　일

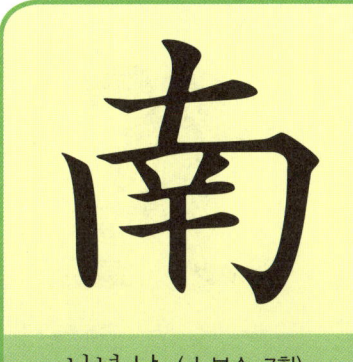

南

남녘 남 (十부수, 7획)

따뜻한 남쪽 지방에서 풀이 자라는 모습을 본뜬 글자로, '남쪽'을 나타냅니다.

필순(9획) 南 南 南 南 南 南 南 南 南

✏️ 필순에 따라 南을 쓰세요.

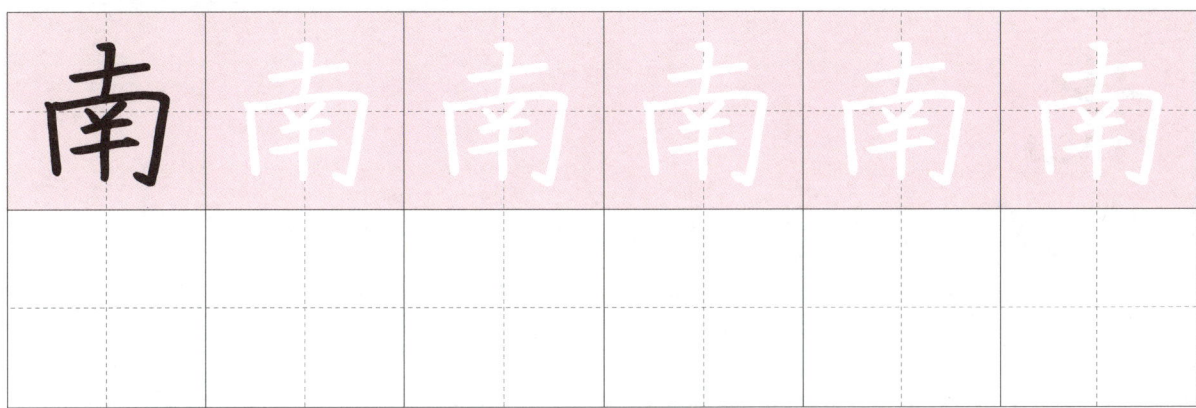

✏️ 필순에 따라 南을 쓰고 훈과 음을 쓰세요.

南	南	南	南	南	南
남녘 남	남녘 남				

✏️ 南의 부수를 쓰고 이름을 써 보세요. | **필순**(2획) 十 十

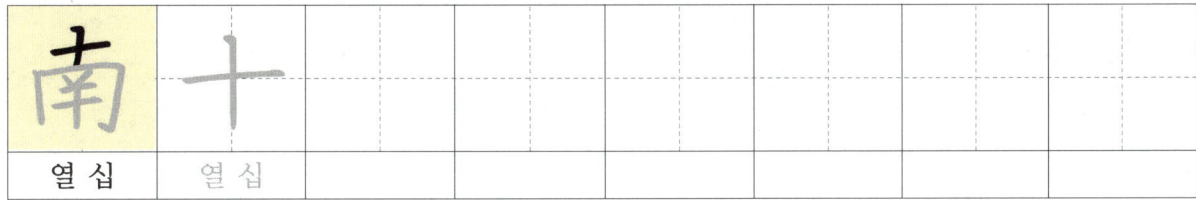

南道(남도) - 경기도 남쪽의 지방을 이르는 말.
南北(남북) - 남쪽과 북쪽.

제12과 위치와 방향편   월   일

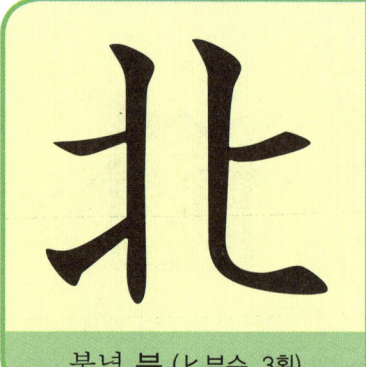

두 사람이 등을 맞대고 있는 모습을 본뜬 글자로, '북쪽'을 나타냅니다.

북녘 북 (匕부수, 3획)   필순(5획) 北 北 北 北 北

✏️ 필순에 따라 北을 쓰세요.

✏️ 필순에 따라 北을 쓰고 훈과 음을 쓰세요.

北	北	北	北	北	北	北
북녘 북	북녘 북					

✏️ 北의 부수를 쓰고 이름을 써 보세요. | 필순(2획) 匕 匕

北	匕					
비수 비	비수 비					

北極(북극) – 지구 자전축의 북쪽 끝 지점.
北上(북상) – 북쪽으로 올라감.

제12과 위치와 방향편   월   일

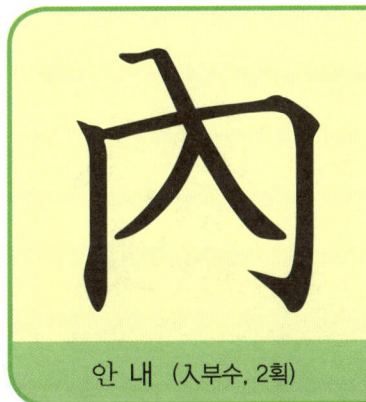

안 내 (入부수, 2획)

冂(멀 경) 자와 入(들 입) 자가 합쳐진 글자로, 바깥에서 경계 안으로 들어온다고 하여 '안'을 나타냅니다.

필순(4획) 內 內 內 內

✏ 필순에 따라 內를 쓰세요.

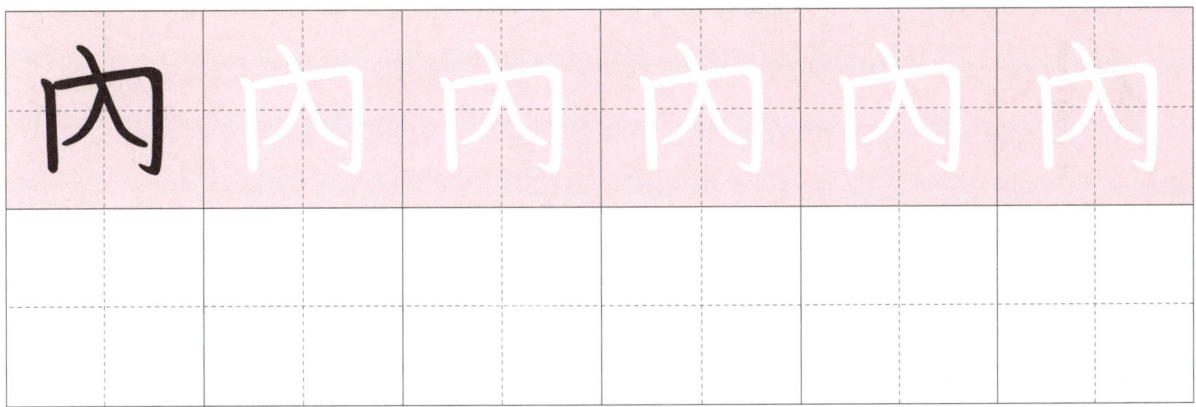

✏ 필순에 따라 內를 쓰고 훈과 음을 쓰세요.

內	內	內	內	內	內	內
안 내	안 내					

✏ 內의 부수를 쓰고 이름을 써 보세요. | 필순(2획) 入 入

內	入					
들 입	들 입					

邑內(읍내) - 읍의 구역 안.
國內(국내) - 나라의 안.

제12과 위치와 방향편　　　　　　　　　　　　　　　월　　일

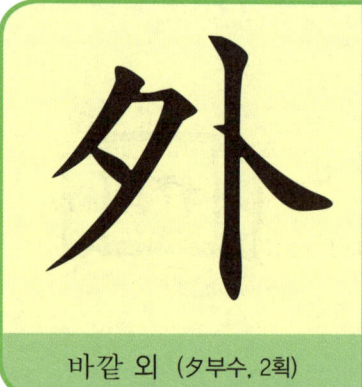

夕 + 卜 → 外

저녁에 거북의 등에 점을 치면 금이 밖으로 나간다는 데서 '바깥'을 나타냅니다.

바깥 외 (夕부수, 2획)　　필순(5획)　外 外 外 外 外

✏️ 필순에 따라 外를 쓰세요.

✏️ 필순에 따라 外를 쓰고 훈과 음을 쓰세요.

外	外					
바깥 외	바깥 외					

✏️ 外의 부수를 쓰고 이름을 써 보세요.　|　필순(3획) 夕 夕 夕

夕	夕					
저녁 석	저녁 석					

外家(외가) – 외갓집. 어머니의 친정.
外貌(외모) – 겉으로 드러나 보이는 모습.

제12과 위치와 방향편　　　　　　　　　　　　　　월　　일　　확인

날 출 (凵부수, 3획)

식물의 싹이 돋아나는 모양을 본뜬 글자로, '나다, 나가다'라는 뜻을 나타냅니다.

필순(5획) 出 出 出 出 出

✏️ 필순에 따라 出을 쓰세요.

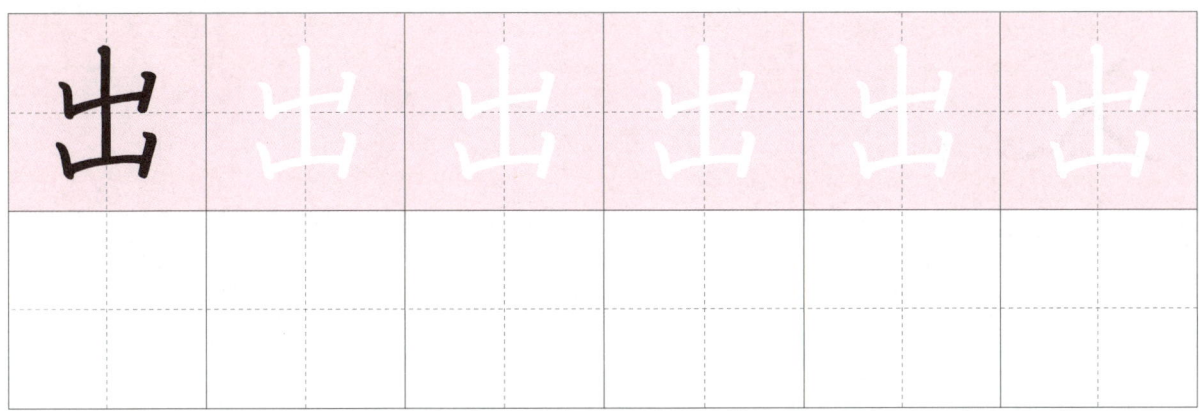

✏️ 필순에 따라 出을 쓰고 훈과 음을 쓰세요.

✏️ 出의 부수를 쓰고 이름을 써 보세요. | 필순(2획) 凵 凵

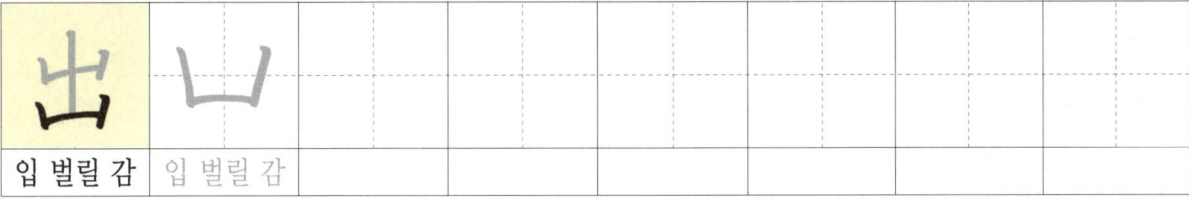

外出(외출) - 잠시 밖으로 나감.
出席(출석) - 어떤 자리에 나아가 참석함.

제12과 위치와 방향편   월   일 확인

동굴에 들어가는 모양을 본뜬 글자로, '들어가다'라는 뜻을 나타냅니다.

들 입 (入부수, 0획)   필순(2획) 入 入

✏ 필순에 따라 入을 쓰세요.

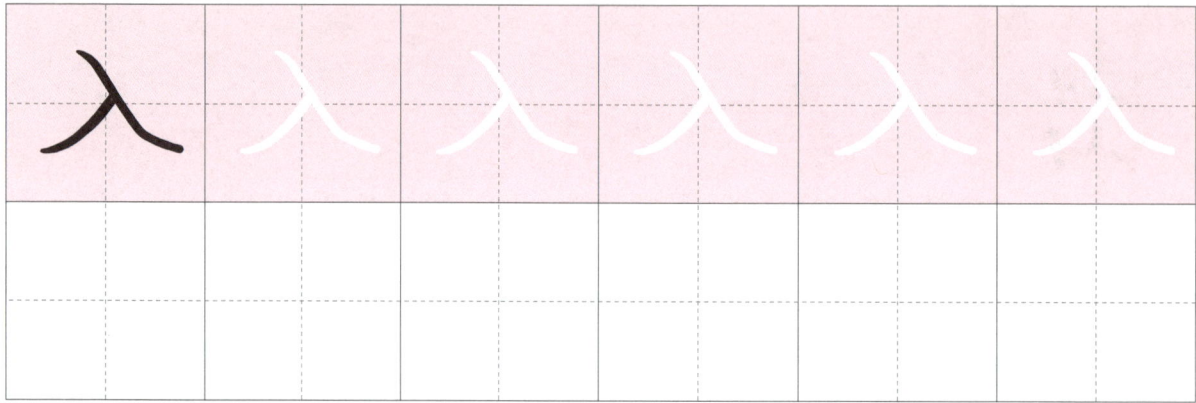

✏ 필순에 따라 入을 쓰고 훈과 음을 쓰세요.

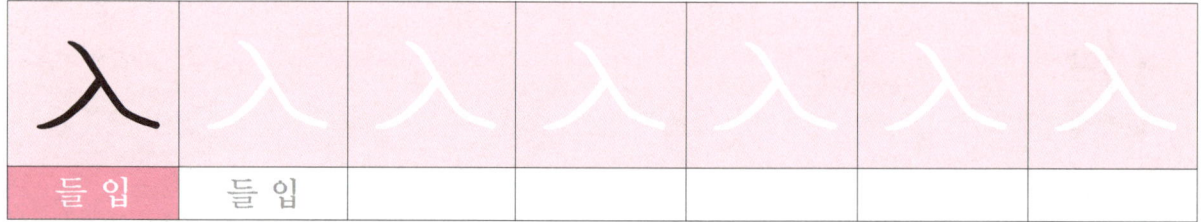

✏ 入의 부수를 쓰고 이름을 써 보세요. | 필순(2획) 入 入

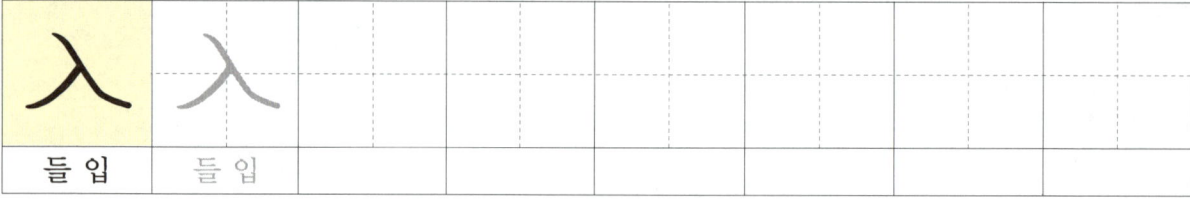

輸入(수입) – 해외에서 물품을 사들임.
出入(출입) – 나가고 들어감.

제12과 위치와 방향편   월   일   확인

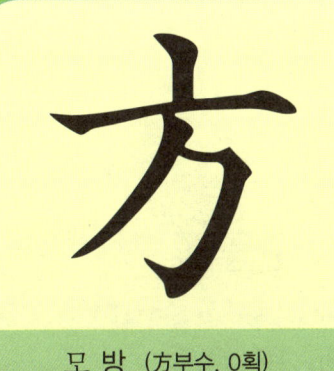

모 방 (方부수, 0획)

통나무배 두 척을 나란히 묶어 둔 모양으로, '방향'을 나타냅니다. '모'는 물건의 모서리나 귀퉁이를 일컫는 순 우리말입니다.

필순(4획) 方方方方

✏️ 필순에 따라 方을 쓰세요.

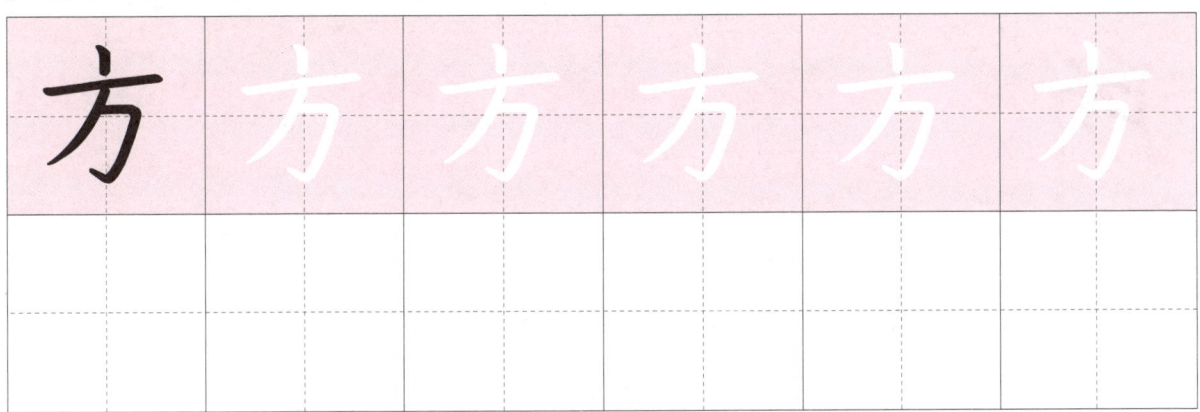

✏️ 필순에 따라 方을 쓰고 훈과 음을 쓰세요.

方	方	方	方	方	方	方
모방	모방					

✏️ 方의 부수를 쓰고 이름을 써 보세요. | **필순**(4획) 方方方方

方	方					
모방	모방					

雙方(쌍방) – 양쪽.
地方(지방) – 수도 이외의 지역.

제12과 위치와 방향편   월   일   확인

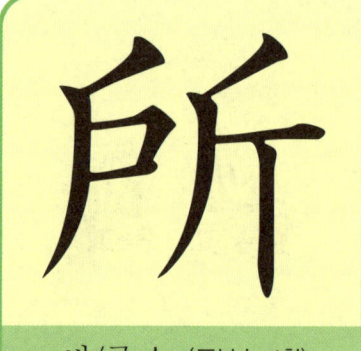

所

바/곳 소 (戶부수, 4획)

戶 + 斤 → 所

戶(지게 호) 자와 斤(도끼 근) 자가 합쳐진 글자로, 지게를 지고 도끼로 찍은 그곳이라는 의미로 일정한 '방향', '곳'을 나타냅니다.

필순(8획) 所 所 所 所 所 所 所 所

✏️ 필순에 따라 所를 쓰세요.

所	所	所	所	所	所

✏️ 필순에 따라 所를 쓰고 훈과 음을 쓰세요.

所	所	所	所	所	所	所
바/곳 소	바/곳 소					

✏️ 所의 부수를 쓰고 이름을 써 보세요. | 필순(4획) 戶 戶 戶 戶

所	戶					
지게 호	지게 호					

適所(적소) – 적당한 곳.
場所(장소) – 어떤 일이 이루어지거나 일어나는 곳.

기출 및 예상 문제

※ 다음 밑줄 친 낱말에 공통으로 쓰이는 한자를 |보기|에서 찾아 번호를 쓰세요.

|보기|
① 出   ② 內   ③ 外   ④ 方   ⑤ 所   ⑥ 入

(1) ㉠ 밥 먹을 장<u>소</u>가 마땅치 않습니다.
　　㉡ 주희가 국어 선생님을 좋아한다고 <u>소</u>문이 났습니다. (　　)

(2) ㉠ 엄마는 외<u>출</u> 나가셨습니다.
　　㉡ 지환이는 오늘도 <u>출</u>석하지 않았습니다. (　　)

(3) ㉠ 오랜만에 교<u>외</u>로 나갔습니다.
　　㉡ <u>외</u>투가 두꺼워 움직이는 것이 둔합니다. (　　)

※ 아래 한자의 반대 또는 상대되는 한자를 |보기|에서 찾아 번호를 쓰세요.

|보기|
① 南   ② 方   ③ 外   ④ 西   ⑤ 入   ⑥ 所

(4) 內 ⇔ (　　)　　　(5) 出 ⇔ (　　)
(6) 東 ⇔ (　　)　　　(7) 北 ⇔ (　　)

제13과 나라편

卓 + 韋 → 韓

떠오른 아침 해가 온 나라를 둘러싸고 있다는 데서 '나라'라는 뜻을 나타냅니다.

나라/한국 한 (韋부수, 8획)

필순(17획) 韓 韓 韓 韓 韓 韓 韓 韓 韓 韓 韓 韓 韓 韓 韓 韓

✏️ 필순에 따라 韓을 쓰세요.

韓	韓	韓	韓	韓	韓

✏️ 필순에 따라 韓을 쓰고 훈과 음을 쓰세요.

韓	韓	韓	韓	韓	韓	韓
나라/한국 한	나라/한국 한					

✏️ 韓의 부수를 쓰고 이름을 써 보세요. | 필순(9획) 韋 韋 韋 韋 韋 韋 韋 韋 韋

韓	韋						
가죽 위	가죽 위						

韓國(한국) – '대한민국'을 줄여서 부르는 말.
韓服(한복) – 예부터 즐겨 입던 우리나라 고유의 옷.

제13과 나라편   월   일   확인

民 → 民 → 民

여자가 앉아 있는 모양에 一을 더해 여자가 백성들의 시초인 어머니라는 데서 '백성'을 나타냅니다.

백성 민 (氏부수, 1획)   필순(5획) 民 民 民 民 民

✏️ 필순에 따라 民을 쓰세요.

民	民	民	民	民	民	民

✏️ 필순에 따라 民을 쓰고 훈과 음을 쓰세요.

民	民	民	民	民	民	民
백성 민	백성 민					

✏️ 民의 부수를 쓰고 이름을 써 보세요. | 필순(4획) 氏 氏 氏 氏

氏	氏					
각시 씨	각시 씨					

民家(민가) - 일반 국민(백성)들이 사는 살림집.
國民(국민) - 국가를 구성하는 사람.

제13과 나라편

口+或(口+戈+一) ▶ 國

口(에워쌀 위) 자와 或(혹 혹) 자가 합쳐진 글자로, 창을 들고 어느 일정한 땅의 사방 경계를 지킨다는 데서 '나라'라는 뜻을 나타냅니다.

나라 국 (口부수, 8획)

필순(11획) 國 國 國 國 國 國 國 國 國 國 國

✏️ 필순에 따라 國을 쓰세요.

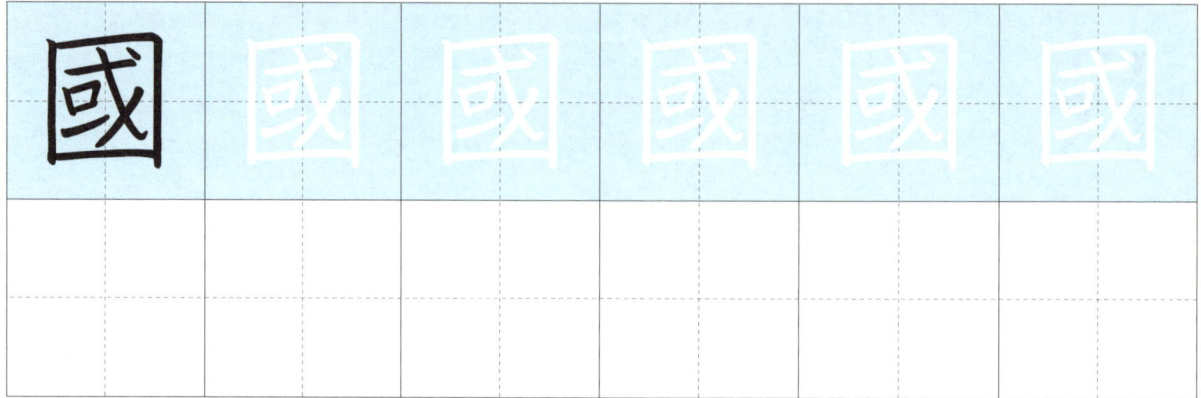

✏️ 필순에 따라 國을 쓰고 훈과 음을 쓰세요.

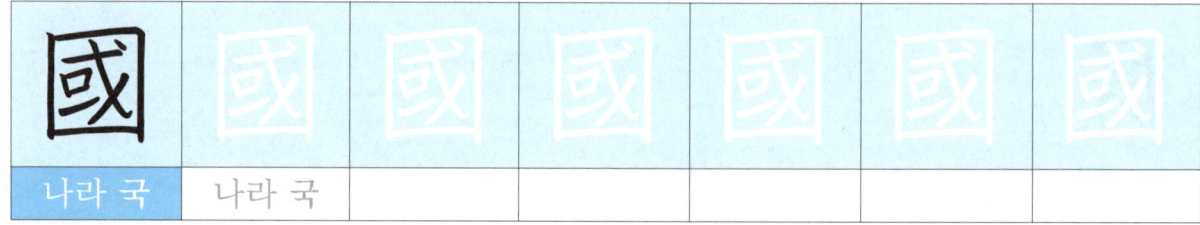

| 나라 국 | 나라 국 | | | | |

✏️ 國의 부수를 쓰고 이름을 써 보세요. | 필순(3획) 口 口 口

國	口						
에워쌀 위	에워쌀 위						

國家(국가) - 영토와 국민, 통치 조직을 가진 집단.
國土(국토) - 나라의 땅.

제13과 나라편

월 일 확인

전쟁에서 사용하는 병차를 둘러싸고 있는 군사를 본뜬 글자로, '군사'를 나타냅니다.

군사 군 (車부수, 2획)

필순(9획) 軍軍軍軍軍軍軍軍軍

✏️ 필순에 따라 軍을 쓰세요.

✏️ 필순에 따라 軍을 쓰고 훈과 음을 쓰세요.

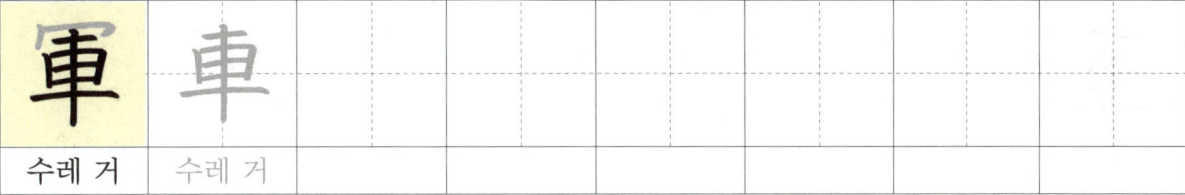

✏️ 軍의 부수를 쓰고 이름을 써 보세요. | **필순**(7획) 車車車車車車車

軍	車						
수레 거	수레 거						

軍人(군인) – 군대의 장교와 사병을 통틀어 이르는 말.
軍士(군사) – 군대에서 장교의 지휘를 받는 군인.

제13과 나라편   월 일

임금의 힘을 상징하는 큰 도끼 모양을 본뜬 글자로, '임금'을 나타냅니다.

임금 왕 (玉부수, 0획)   필순(4획) 王 王 王 王

✏️ 필순에 따라 王을 쓰세요.

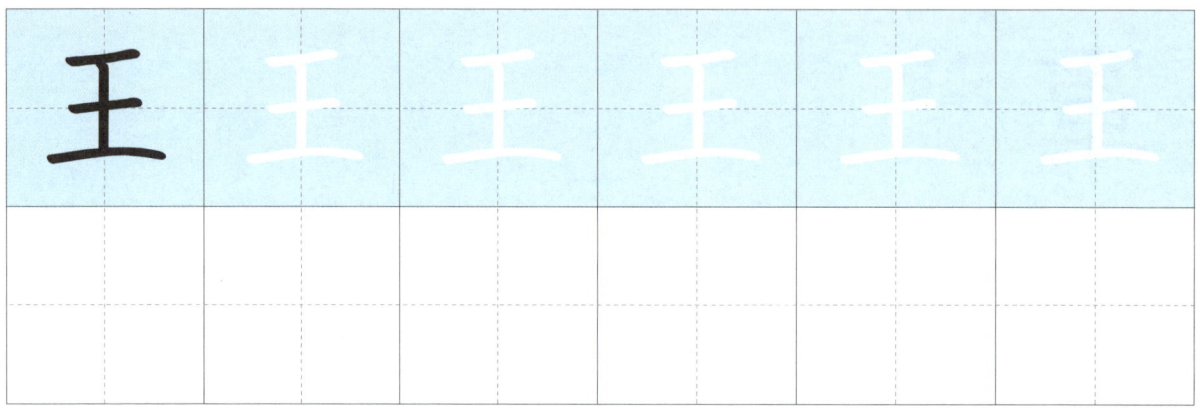

✏️ 필순에 따라 王을 쓰고 훈과 음을 쓰세요.

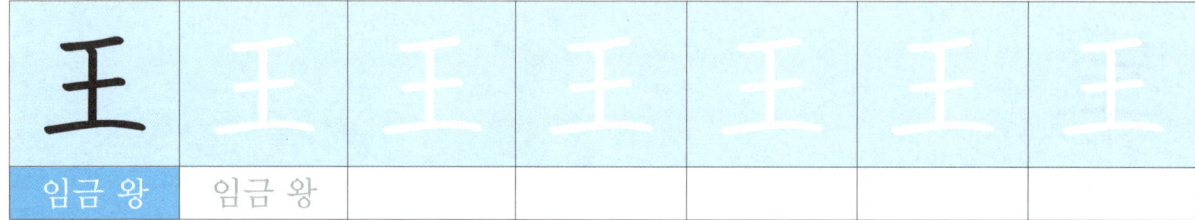

✏️ 王의 부수를 쓰고 이름을 써 보세요. | 필순(5획) 玉 玉 玉 玉 玉

王國(왕국) – 임금이 다스리는 나라.
王冠(왕관) – 왕을 상징하는 관.

제13과 나라편

설 립(입) (立부수, 0획)

사람이 땅 위에 서 있는 모양을 본뜬 글자로, '세우다'라는 뜻을 나타냅니다.

필순(5획) 立 立 立 立 立

✏ 필순에 따라 立을 쓰세요.

✏ 필순에 따라 立을 쓰고 훈과 음을 쓰세요.

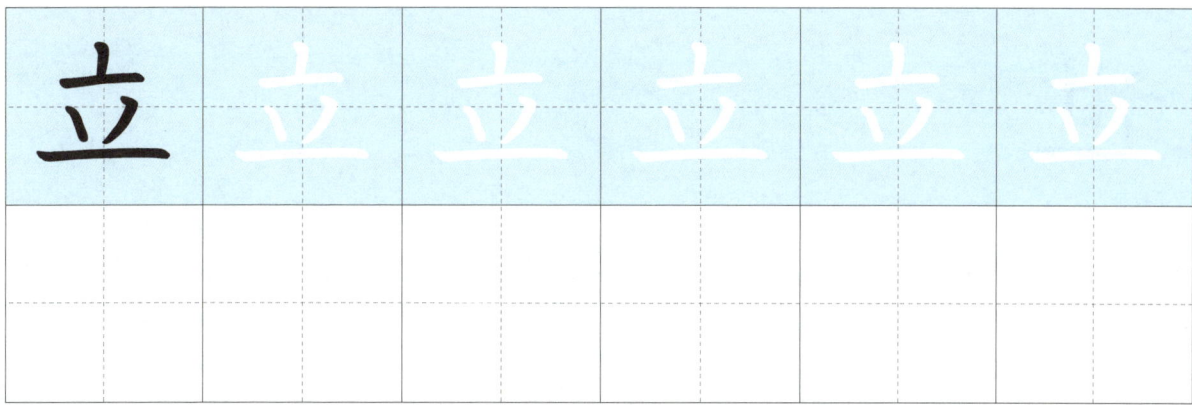

✏ 立의 부수를 쓰고 이름을 써 보세요. | 필순(5획) 立 立 立 立 立

設立(설립) - 기관이나 건물을 새로 만들어 세움.
獨立(독립) - 다른 것에 기대지 않음. 한 나라가 정치적으로 완전한 권리를 행사함.

제13과 나라편   월   일

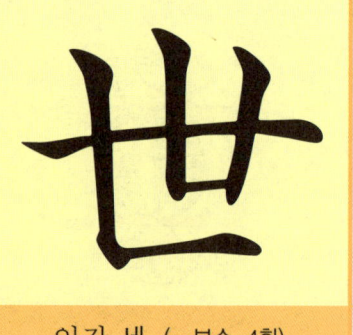

十(열 십) 자 세 개가 합쳐진 글자로, 한 세대를 대략 30년으로 보기에 세 개의 열[十]을 이어 30년을 가리켜 '세대'를 나타냅니다.

인간 세 (一부수, 4획)   필순(5획) 世 世 世 世 世

✏️ 필순에 따라 世를 쓰세요.

世	世	世	世	世	世

✏️ 필순에 따라 世를 쓰고 훈과 음을 쓰세요.

世	世	世	世	世	世	世
인간 세	인간 세					

✏️ 世의 부수를 쓰고 이름을 써 보세요. | 필순(1획) 一

世	一						
한 일	한 일						

出世(출세) – 사회적으로 유명해지거나 지위가 높아짐.
世上(세상) – 사람들이 모여 사는 사회 전체를 일컫는 말.

제13과 나라편　　　　　　　　　　　　　　　　　　　　　　　월　　일

水(=氵)+菫(→堇)→漢

水(물 수) 자와 菫(제비꽃 근) 자가 합쳐진 글자로, 양쯔강 상류 하천 지역이라 하여 '한나라'를 나타냅니다.

한나라 한　(氵(=水)부수, 11획)

필순(14획) 漢漢漢漢漢漢漢漢漢漢漢漢漢漢

✏ 필순에 따라 漢을 쓰세요.

✏ 필순에 따라 漢을 쓰고 훈과 음을 쓰세요.

漢	漢	漢	漢	漢	漢	漢
한나라 한	한나라 한					

✏ 漢의 부수를 쓰고 이름을 써 보세요.　필순(4획) 水水水水(水=氵)

漢	水					
물 수	물 수					

漢字(한자) - 중국 고유의 문자.
漢詩(한시) - 한문으로 지은 시.

제13과 나라편

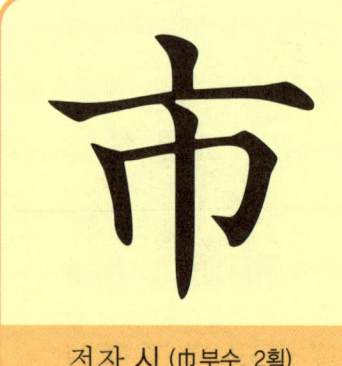

之(→㇀)+巾→市

之(갈 지) 자와 巾(수건 건) 자가 합쳐진 글자로, 옷을 차려입고 장 보러 가는 곳이라는 데서 '시장'을 나타냅니다.

저자 시 (巾부수, 2획) 필순(5획) 市 市 市 市 市

✏️ 필순에 따라 市를 쓰세요.

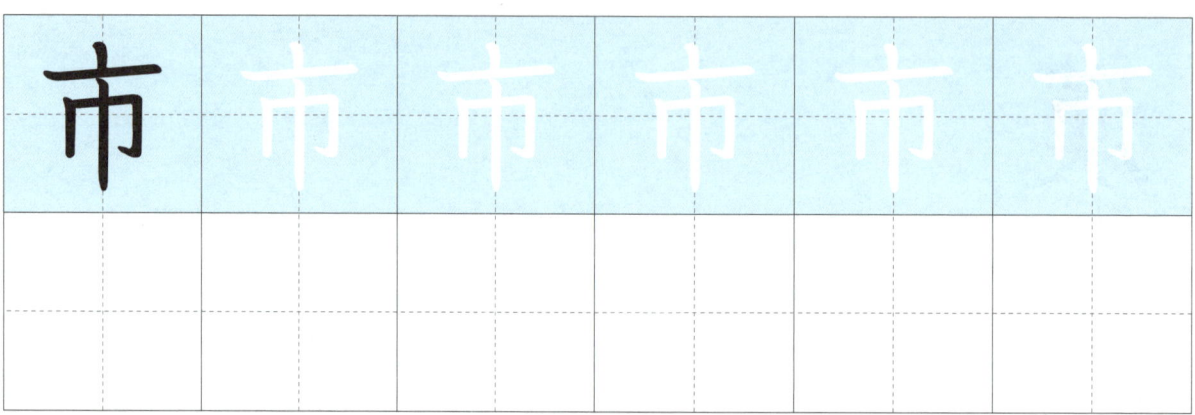

✏️ 필순에 따라 市를 쓰고 훈과 음을 쓰세요.

✏️ 市의 부수를 쓰고 이름을 써 보세요. | 필순(3획) 巾 巾 巾

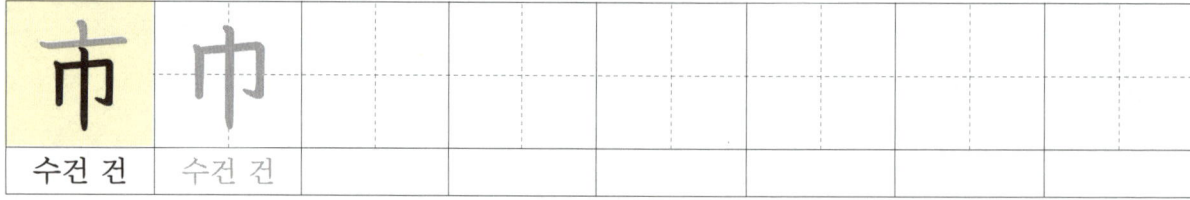

都市(도시) – 인구가 많고, 경제·행정·문화 등의 중심지가 되는 지역.
市廳(시청) – 시의 행정 일을 맡아보는 곳.

제13과 나라편　　　　　　　　　　　　　　　　　　월　　일

方+人+其→旗

方(모 방) 자와 人(사람 인) 자, 其(그 기) 자가 합쳐진 글자로, 사람이 지시하기 위해 여러 방향으로 깃발을 흔든다고 하여 '기'를 나타냅니다.

기 기 (方부수, 10획)

필순(14획) 旗旗旗旗旗旗旗旗旗旗旗旗旗旗

✏️ 필순에 따라 旗를 쓰세요.

✏️ 필순에 따라 旗를 쓰고 훈과 음을 쓰세요.

旗						
기 기	기 기					

✏️ 旗의 부수를 쓰고 이름을 써 보세요. ｜ 필순(4획) 方方方方

旗	方						
모 방	모 방						

太極旗(태극기) - 우리나라의 국기.
白旗(백기) - 흰 빛깔의 기. 항복의 표시로 쓰임.

기출 및 예상 문제

※ 필순에 대한 문제입니다.

(1) 軍 자를 필순대로 차례로 써 보세요. (   )

(2) 市 자를 필순대로 차례로 써 보세요. (   )

※ 다음 한자에 알맞은 독음을 달아 보세요.

2002년 6월 (3)國民들이 시청 앞에 모였습니다. 붉은 티셔츠와 두건을 하고, 태극기로 옷을 만들어 입기도 하면서 모두 하나가 되었습니다. (4)國家 대표 선수들이 골을 넣을 때면 (5)大韓民國의 함성이 전국을 뒤덮었습니다. (6)世上의 이목이 한국으로 집중되었습니다.

(3)   (4)   (5)   (6)

※ 아래 (   ) 안에 알맞은 말을 | 보기 | 에서 골라 번호를 쓰세요.

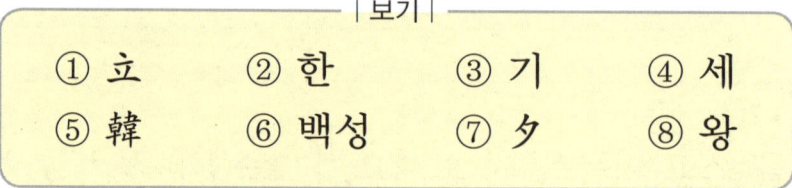

① 효   ② 한   ③ 기   ④ 세
⑤ 韓   ⑥ 백성   ⑦ 立   ⑧ 왕

(7) 孝은 (   )이라고 읽습니다.
(8) 旗는 (   )라고 읽습니다.
(9) 나라 한은 (   )이라고 씁니다.
(10) 설 립(입)은 (   )이라고 씁니다.

제14과 사회편   월   일   확인

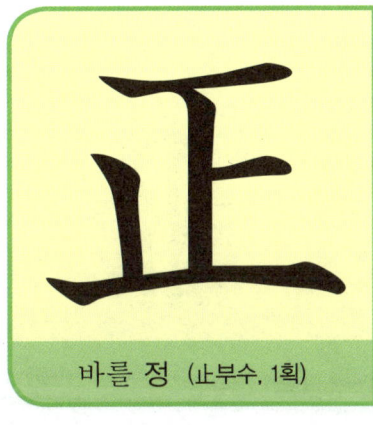

一 + 止 → 正

一(한 일) 자와 止(그칠 지) 자가 합쳐진 글자로, 발을 땅에 대고 똑바로 서 있는 것으로 '바르다'를 나타냅니다.

바를 정 (止부수, 1획)   필순(5획) 正 正 正 正 正

✏️ 필순에 따라 正을 쓰세요.

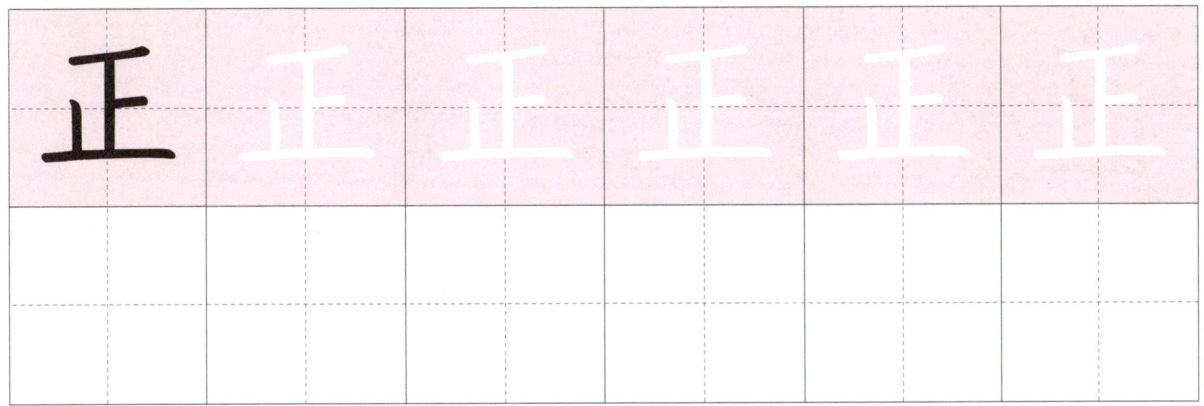

✏️ 필순에 따라 正을 쓰고 훈과 음을 쓰세요.

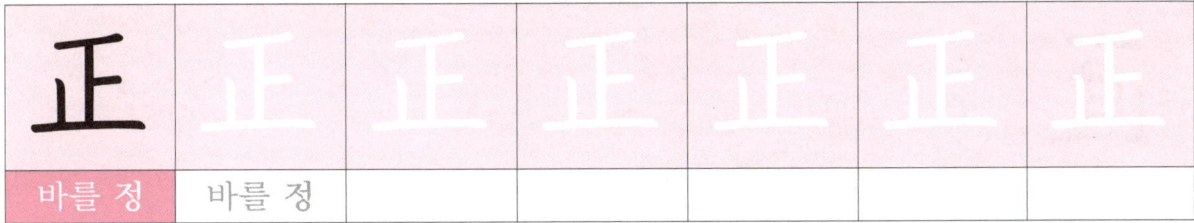

| 바를 정 | 바를 정 | | | | | |

✏️ 正의 부수를 쓰고 이름을 써 보세요. | 필순(4획) 止 止 止 止

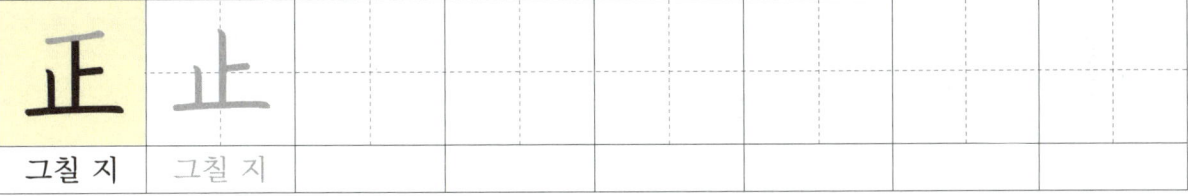

| 그칠 지 | 그칠 지 | | | | | |

正確(정확) - 바르고 확실함.
訂正(정정) - 잘못을 고쳐서 바로잡음.

제14과 사회편　　　　　　　　　　　　　　　월　일

十 + 目 + ㄷ(→ㄴ) → 直

十(열 십) 자와 目(눈 목) 자, ㄷ(감출 혜) 자가 합쳐진 글자로, 열 개의 눈으로 숨어 있는 것을 바르게 볼 수 있기에 '곧다'를 뜻합니다.

곧을 직 (目부수, 3획)　　**필순**(8획)　直 直 直 直 直 直 直 直

✏️ 필순에 따라 直을 쓰세요.

✏️ 필순에 따라 直을 쓰고 훈과 음을 쓰세요.

| 곧을 직 | 곧을 직 | | | | | |

✏️ 直의 부수를 쓰고 이름을 써 보세요. | **필순**(5획) 目 目 目 目 目

| 눈 목 | 눈 목 | | | | | |

正直(정직) - 거짓 없이 바르고 곧음.
直接(직접) - 중간에 거치는 것 없이 바로.

제14과 사회편   월   일

일 사 (亅부수, 7획)

깃발이 달린 깃대를 손으로 세운 모양을 본뜬 글자로, 역사의 기록을 일삼아 간다는 데서 '일'을 나타냅니다.

필순(8획) 事 事 事 事 事 事 事 事

✏ 필순에 따라 事를 쓰세요.

✏ 필순에 따라 事를 쓰고 훈과 음을 쓰세요.

事	事	事	事	事	事	事
일 사	일 사					

✏ 事의 부수를 쓰고 이름을 써 보세요. | **필순**(1획) |

事	亅						
갈고리 궐	갈고리 궐						

政事(정사) - 정치에 관계되는 일.
人間事(인간사) - 인간 생활에서 생기는 여러 일.

제14과 사회편   월   일   확인

工

ㄱ → ㅗ → 工

도구의 모양을 본뜬 글자로, 도구를 사용하는 '장인'을 나타냅니다.

장인 공 (工부수, 0획)   **필순**(3획) 工 工 工

필순에 따라 工을 쓰세요.

필순에 따라 工을 쓰고 훈과 음을 쓰세요.

장인 공 | 장인 공

工의 부수를 쓰고 이름을 써 보세요. | **필순**(3획) 工 工 工

장인 공 | 장인 공

手工(수공) - 손으로 하는 공예.
工場(공장) - 근로자가 물건을 만드는 곳.

제14과 사회편　　　　　　　　　　　　　　　　　　　　　월　　일

女 + 生 → 姓

女(여자 녀) 자와 生(날 생) 자가 합쳐진 글자로, 여자가 아이를 낳으면 집안 이름을 쓴다는 뜻으로 '성씨'를 나타냅니다.

성씨 성 (女부수, 5획)　　필순(8획) 姓 姓 姓 姓 姓 姓 姓 姓

✏️ 필순에 따라 姓을 쓰세요.

✏️ 필순에 따라 姓을 쓰고 훈과 음을 쓰세요.

姓	姓	姓	姓	姓	姓	姓
성씨 성	성씨 성					

✏️ 姓의 부수를 쓰고 이름을 써 보세요. | 필순(3획) 女 女 女

姓	女					
여자 녀	여자 녀					

姓名(성명) - 성과 이름.
百姓(백성) - 일반 국민을 예스럽게 이르는 말.

53

제14과 사회편   월   일   확인

夕 + 口 → 名

夕(저녁 석) 자와 口(입 구) 자가 합쳐진 글자로, 저녁이 되어 어두워지면 입으로 소리를 질러서 아이의 이름을 부른다고 해서 '이름'을 나타냅니다.

이름 명 (口부수, 3획)   필순(6획) 名 名 名 名 名 名

✏️ 필순에 따라 名을 쓰세요.

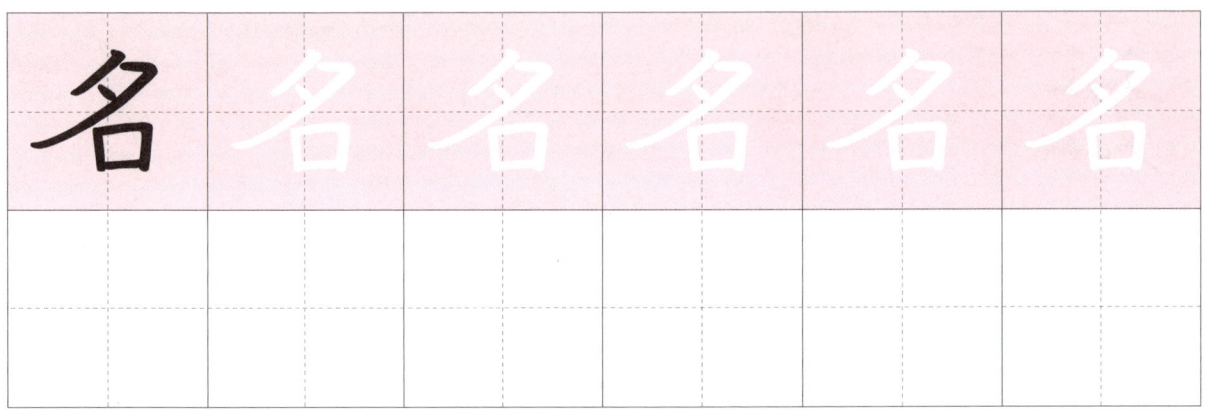

✏️ 필순에 따라 名을 쓰고 훈과 음을 쓰세요.

名	名	名	名	名	名	名
이름 명	이름 명					

✏️ 名의 부수를 쓰고 이름을 써 보세요. | 필순(3획) 口 口 口

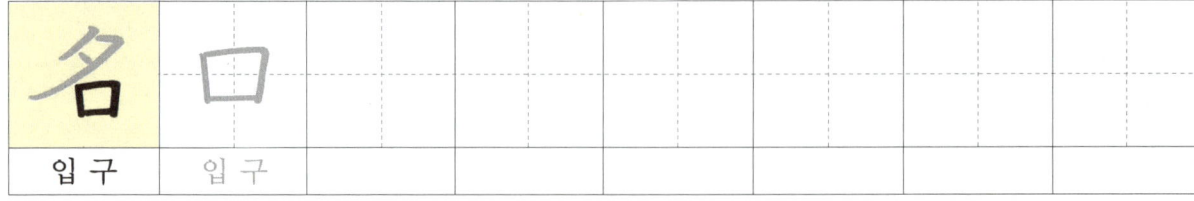

有名(유명) – 이름이 세상에 알려져 있음.
地名(지명) – 지역의 이름.

제14과 사회편   월   일   확인

牛(=牜) + 勿 → 物

牛(소 우) 자와 勿(말 물) 자가 합쳐진 글자로, 소는 만물을 대표하는 가장 가치 있는 것이라는 의미로 '물건'을 나타냅니다.

물건 물 (牜(=牛)부수, 4획)   필순(8획) 物 物 物 物 物 物 物 物

✏️ 필순에 따라 物을 쓰세요.

物	物	物	物	物	物

✏️ 필순에 따라 物을 쓰고 훈과 음을 쓰세요.

物	物	物	物	物	物
물건 물	물건 물				

✏️ 物의 부수를 쓰고 이름을 써 보세요. | 필순(4획) 牛 牛 牛 牛 (牛=牜)

物	牛					
소 우	소 우					

人物(인물) – 사람.
物品(물품) – 쓸모 있는 물건.

제14과 사회편　　　　　　　　　　　　　　　　월　　일

위에서 본 마차의 모양으로 '수레'를 나타냅니다.

수레 거/차 (車부수, 0획)　　필순(7획) 車車車車車車車

✏️ 필순에 따라 車를 쓰세요.

✏️ 필순에 따라 車를 쓰고 훈과 음을 쓰세요.

수레 거/차 ｜ 수레 거/차

✏️ 車의 부수를 쓰고 이름을 써 보세요. ｜ 필순(7획) 車車車車車車車

수레 거 ｜ 수레 거

自轉車(자전거) - 페달을 밟아 앞으로 나아가는 이동 기구.
車票(차표) - 차를 탈 수 있는 표.

제14과 사회편   월   일   확인

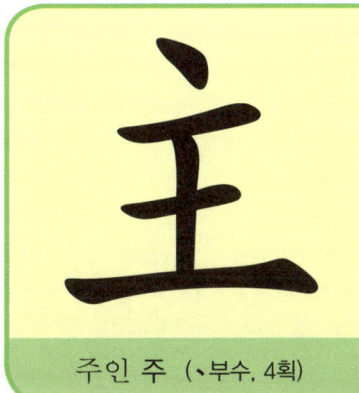

등불의 중심은 가운데 있다 하여 '주인'을 나타냅니다.

주인 주 (丶부수, 4획)   필순(5획) 主 主 主 主 主

✏️ 필순에 따라 主를 쓰세요.

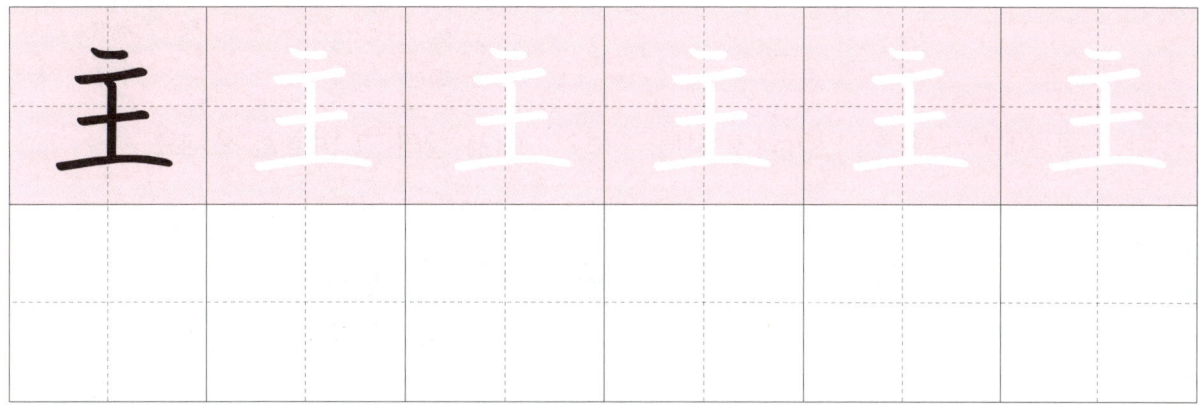

✏️ 필순에 따라 主를 쓰고 훈과 음을 쓰세요.

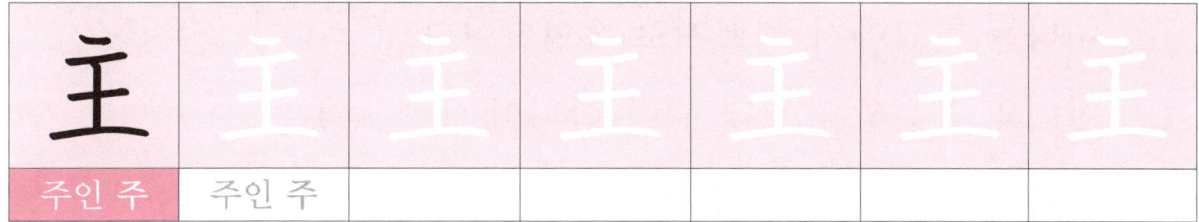

주인 주   주인 주

✏️ 主의 부수를 쓰고 이름을 써 보세요. | 필순(1획) 丶

점 주   점 주

主人(주인) – 물건의 임자. 한 집안을 꾸려 나가는 사람.
主人公(주인공) – 사건이나 영화 · 연극 · 소설의 중심인물.

기출 및 예상 문제

※ |보기|와 같이 다음 한자의 훈(뜻)과 음(소리)을 쓰세요.

|보기|
月 → 달 월

(1) 物 _____   (2) 姓 _____
(3) 正 _____   (4) 直 _____
(5) 車 _____   (6) 主 _____

※ 다음 문장에서 밑줄 친 단어의 한자를 |보기|에서 골라 그 번호를 쓰세요.

|보기|
① 姓名   ② 工場   ③ 有名
④ 自主   ⑤ 地名   ⑥ 人物

(7) 오늘 미술 시간에 인물화를 그렸습니다. (   )

(8) 미나는 학교에서 예쁘기로 유명합니다. (   )

(9) 아이의 자주성을 길러 줘야 합니다. (   )

(10) 빈칸에 성명을 적으세요. (   )

※ 다음 낱말 뜻과 관계된 한자어를 |보기|에서 골라 번호를 쓰세요.

|보기|
① 地名   ② 姓名   ③ 主人   ④ 正直

기출 및 예상 문제

월 일 확인

(11) 성과 이름 (　　)　　(12) 바르고 곧음 (　　)
(13) 지역의 이름 (　　)

※ 밑줄 친 단어와 같은 뜻을 지닌 한자를 |보기|에서 골라 번호를 쓰세요.

|보기|
① 車　　② 主　　③ 事　　④ 正　　⑤ 名

(14) 연극의 <u>주인</u>공이 되었습니다. (　　)

(15) 아빠가 회사 <u>일</u>로 많이 힘들어하십니다. (　　)

(16) <u>바른</u> 자세로 앉으세요. (　　)

(17) 가슴에 <u>이름</u>표를 달았습니다. (　　)

(18) 할아버지가 손<u>수레</u>를 끌고 갑니다. (　　)

※ 다음 물음에 답하세요.

(19) 直　필순대로 쓸 경우 ㉠은 몇 번째 필순에 해당하는지 아래에서 골라 번호를 쓰세요. (　　)

① 두 번째　　　　② 네 번째
③ 다섯 번째　　　④ 일곱 번째

제15과 마을편   월   일   확인

水(=氵) + 同 → 洞

水(물 수) 자와 同(한가지 동) 자가 합쳐진 글자로, 물이 있는 곳에 사람들이 사는 집들이 모여 있다고 해서 '마을'을 나타냅니다.

골(마을) 동 (氵(=水)부수, 6획)

필순(9획) 洞洞洞洞洞洞洞洞洞

✏️ 필순에 따라 洞을 쓰세요.

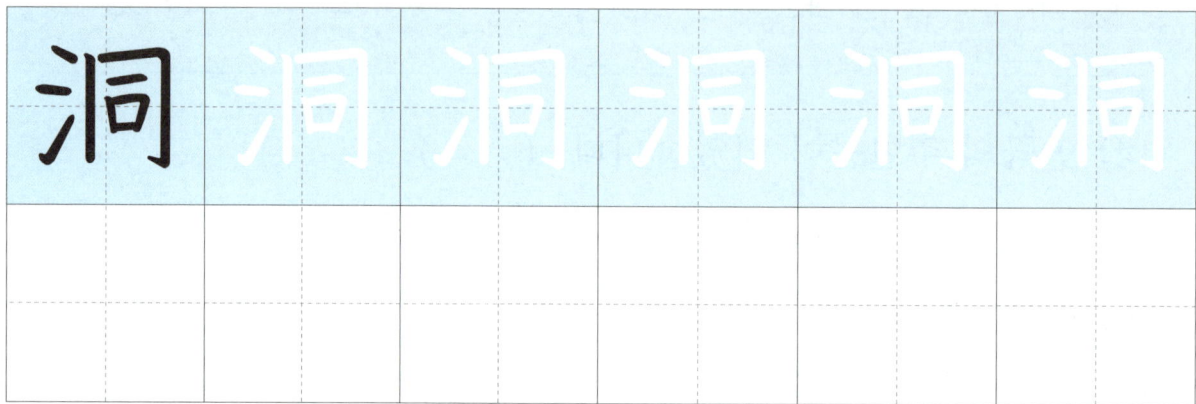

✏️ 필순에 따라 洞을 쓰고 훈과 음을 쓰세요.

洞	洞	洞	洞	洞	洞	洞
마을 동	마을 동					

✏️ 洞의 부수를 쓰고 이름을 써 보세요. | 필순(4획) 水 水 水 水 (水=氵)

洞	水					
물 수	물 수					

洞長(동장) – 행정 구역인 동(洞)의 사무를 총괄하는 사람.
洞事務所(동사무소) – 동(洞)의 행정 사무를 맡아보는 곳.

제15과 마을편

口(입 구) 자와 巴(땅 이름 파) 자가 합쳐진 글자로, 제후가 있는 곳, 즉 '고을'을 나타냅니다.

고을 읍 (邑부수, 0획) 필순(7획) 邑邑邑邑邑邑邑

✏️ 필순에 따라 邑을 쓰세요.

✏️ 필순에 따라 邑을 쓰고 훈과 음을 쓰세요.

✏️ 邑의 부수를 쓰고 이름을 써 보세요. | 필순(7획) 邑邑邑邑邑邑邑

邑俗(읍속) - 읍내의 풍속.
邑內(읍내) - 읍의 구역 안.

제15과 마을편

田 + 土 → 里

田(밭 전) 자와 土(흙 토) 자가 합쳐진 글자로, 밭이 있고 토지가 있는 곳을 가리켜 '마을'을 나타냅니다.

마을 리(이) (里부수, 0획) 필순(7획) 里 里 里 里 里 里 里

✏️ 필순에 따라 里를 쓰세요.

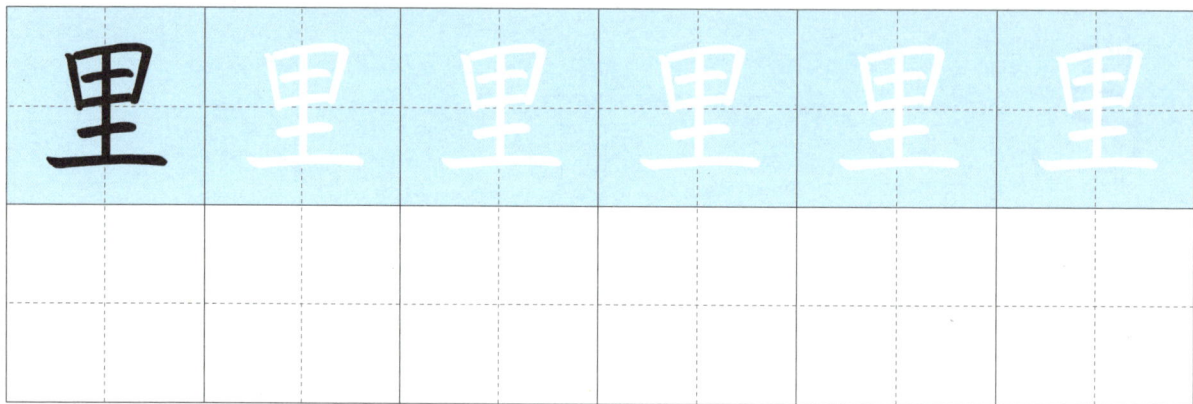

✏️ 필순에 따라 里를 쓰고 훈과 음을 쓰세요.

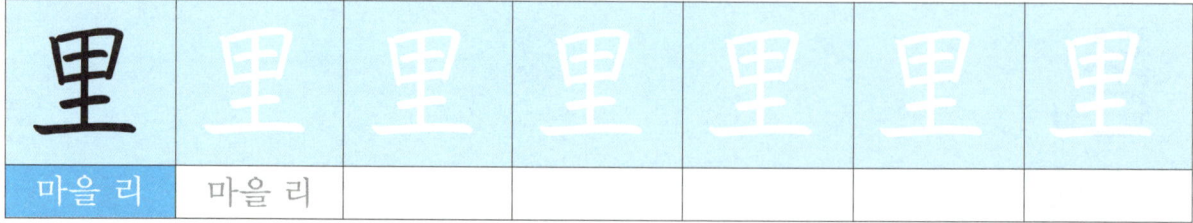

✏️ 里의 부수를 쓰고 이름을 써 보세요. | 필순(7획) 里 里 里 里 里 里 里

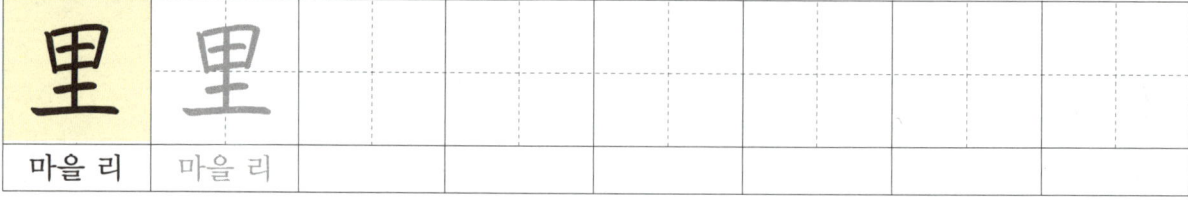

里長(이장) – 마을을 대표하여 일을 맡아보는 사람.
十里(십 리) – 약 4km 거리로, 리는 옛날의 거리 단위.

제15과 마을 촌

村

木 + 寸 → 村

木(나무 목) 자와 寸(마디 촌) 자가 합쳐진 글자로, 나무 아래에 사람이 모이는 곳이라는 데서 '마을'을 나타냅니다.

마을 촌 (木부수, 3획)

필순(7획) 村 村 村 村 村 村 村

✏️ 필순에 따라 村을 쓰세요.

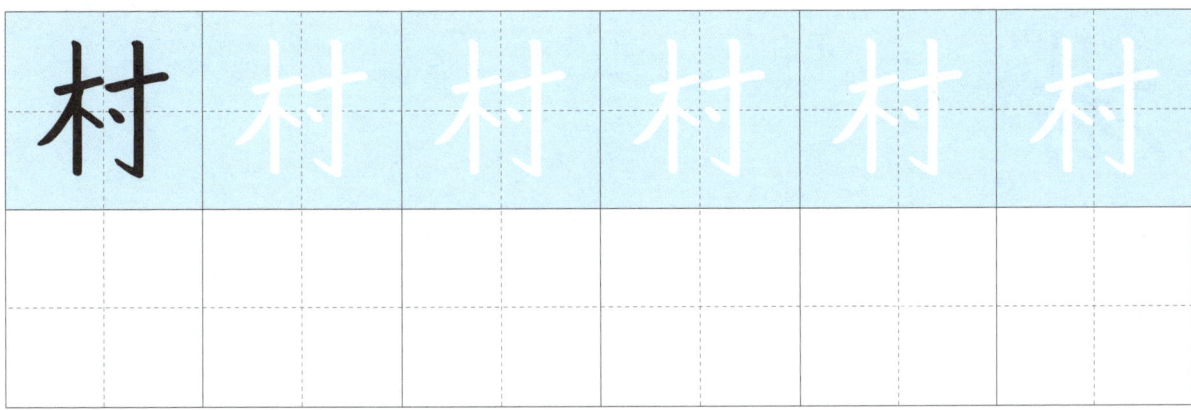

✏️ 필순에 따라 村을 쓰고 훈과 음을 쓰세요.

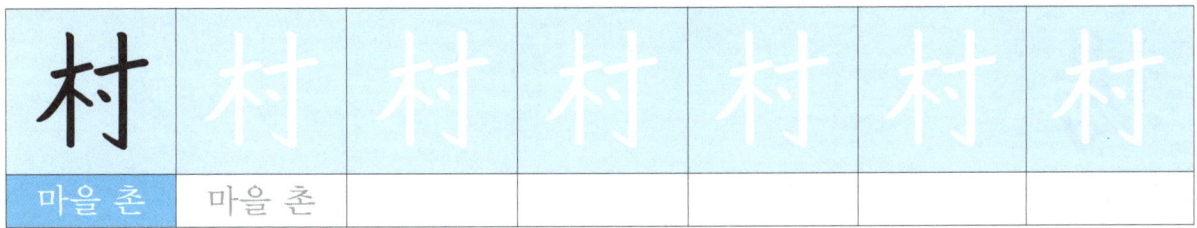

마을 촌 | 마을 촌

✏️ 村의 부수를 쓰고 이름을 써 보세요. | **필순**(4획) 木 木 木 木

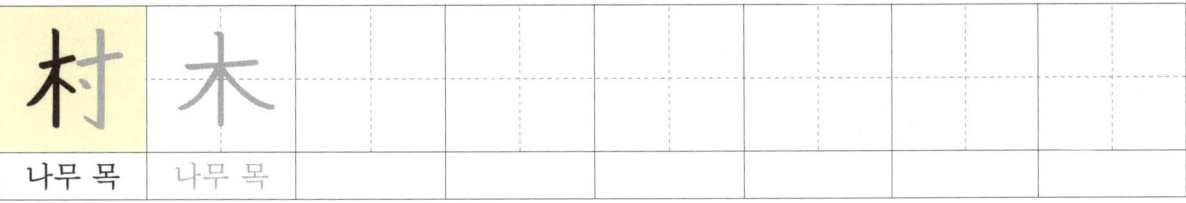

나무 목 | 나무 목

農村(농촌) – 농사를 짓는 주민들이 모여 사는 마을.
民俗村(민속촌) – 우리의 고유한 옛 생활 풍습을 보여 주는 마을.

제15과 마을편

土 + 昜 → 場

土(흙 토) 자와 昜(볕 양) 자가 합쳐진 글자로, 흙이 있고 볕이 잘 드는 곳이라는 데서 '마당'을 나타냅니다.

마당 장 (土부수, 9획)

필순(12획) 場場場場場場場場場場場場

✏️ 필순에 따라 場을 쓰세요.

✏️ 필순에 따라 場을 쓰고 훈과 음을 쓰세요.

마당 장 | 마당 장

✏️ 場의 부수를 쓰고 이름을 써 보세요. | 필순(3획) 土 土 土

場 | 土
흙 토 | 흙 토

市場(시장) - 여러 가지 상품을 사고파는 곳.
退場(퇴장) - 어떤 장소에서 물러남.

제15과 마을편

曲 + 辰 → 農

曲(굽을 곡) 자와 辰(별 진) 자가 합쳐진 글자로, 별을 보면서 굽은 도구로 농사를 짓는다 하여 '농사'를 나타냅니다.

농사 농 (辰부수, 6획)

필순(13획) 農農農農農農農農農農農農農

✏️ 필순에 따라 農을 쓰세요.

✏️ 필순에 따라 農을 쓰고 훈과 음을 쓰세요.

農	農					
농사 농	농사 농					

✏️ 農의 부수를 쓰고 이름을 써 보세요. | 필순(7획) 辰辰辰辰辰辰辰

農	辰						
별 진	별 진						

農業(농업) – 식물을 가꾸거나 가축을 기르는 산업.
歸農(귀농) – 도시인이 농사를 지으려고 농촌으로 돌아감.

제15과 마을편   월   일

凡(=冂) + 口 → 同

凡(무릇/모두 범)자와 口(입 구)자가 합쳐진 글자로, 여러 사람이 모두 말한다는 데서 '한가지'라는 뜻을 나타냅니다.

한가지 동 (口부수, 3획)   필순(6획) 同 同 同 同 同 同

✏️ 필순에 따라 同을 쓰세요.

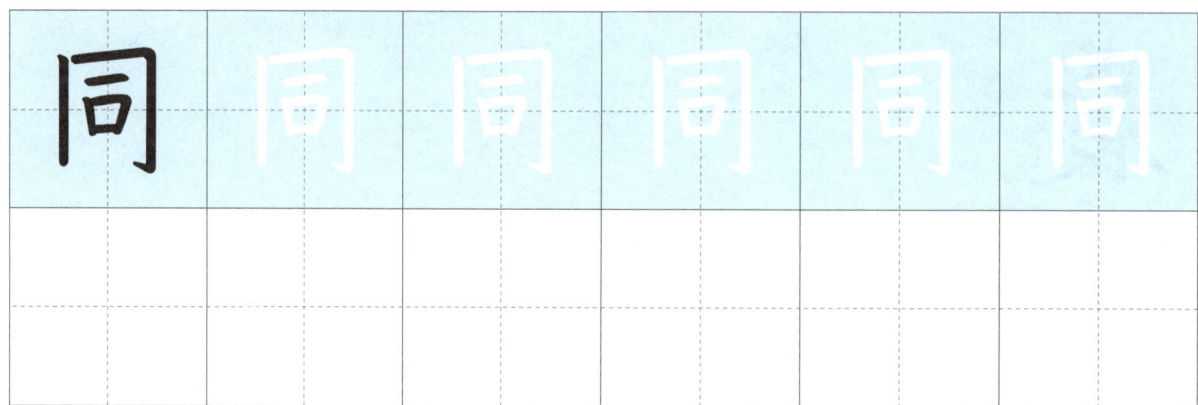

✏️ 필순에 따라 同을 쓰고 훈과 음을 쓰세요.

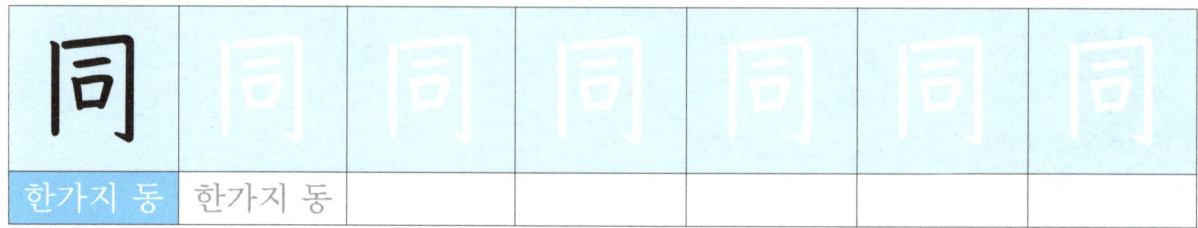

한가지 동 | 한가지 동

✏️ 同의 부수를 쓰고 이름을 써 보세요.   필순(3획) 口 口 口

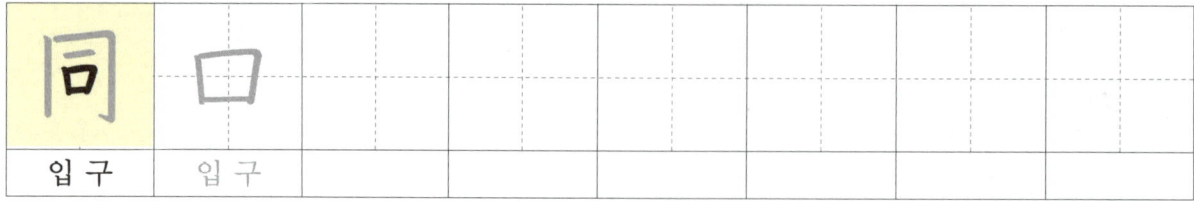

입 구 | 입 구

協同(협동) – 힘과 마음을 합함.
同窓(동창) – 같은 학교나 같은 스승 밑에서 공부한 사이.

기출 및 예상 문제

※ 아래 한자의 훈(뜻)과 음(소리)을 써 보세요.

(1) 여기서 邑내까지는 버스를 타고 가야 합니다. (　　　　　)

(2) 내일은 同창회가 있는 날입니다. (　　　　　)

(3) 農부가 농사를 짓고 있습니다. (　　　　　)

(4) 村장의 말이 옳습니다. (　　　　　)

※ 밑줄 친 단어와 같은 뜻을 지닌 한자를 |보기|에서 골라 번호를 쓰세요.

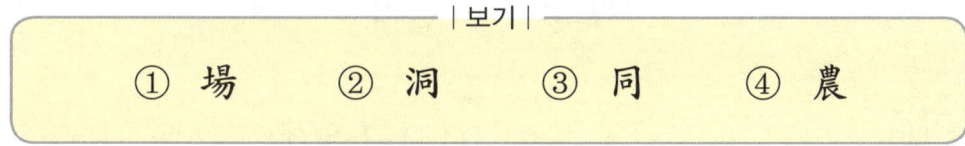

(5) 올해 농사가 흉년이라 걱정입니다. (　　)

(6) 우리는 같은 학교를 졸업했습니다. (　　)

(7) 마당 넓은 집으로 이사를 갑니다. (　　)

※ 다음 한자어와 훈(뜻)이 같은 한자를 |보기|에서 골라 번호를 쓰세요.

(8) 里 ────────(　　)

기출 및 예상 문제

※ 다음 글자들은 무슨 뜻이며, 어떤 소리(음)로 읽을까요? |보기|에서 골라 번호를 쓰세요.

|보기|
① 농　② 촌　③ 고을　④ 리(이)　⑤ 한가지

(9) 村은 (　)이라고 읽습니다.　(10) 同은 (　)라는 뜻입니다.

(11) 里는 (　)라고 읽습니다.　(12) 農은 (　)이라고 읽습니다.

※ |보기|와 같이 다음 한자어의 독음을 쓰세요.

|보기|
漢字 → 한자

(13) 農村 (　　　)　　(14) 十里 (　　　)

(15) 邑內 (　　　)　　(16) 洞長 (　　　)

※ 다음 문장에서 밑줄 친 단어의 한자를 |보기|에서 골라 번호를 쓰세요.

|보기|
① 場所　② 農村　③ 市長　④ 里長

(17) 이분이 우리 동네 이장님이십니다. (　　)

(18) 약속 장소로 늦지 말고 오세요. (　　)

(19) 농촌의 현실이 더욱 어려워지고 있습니다. (　　)

제16과 수량과 색깔편   월   일   확인

팔과 다리를 크게 벌리고 누워 있는 사람의 모습을 본뜬 글자로, '크다'를 나타냅니다.

큰(크다) 대 (大부수, 0획)   필순(3획) 大 大 大

✏️ 필순에 따라 大를 쓰세요.

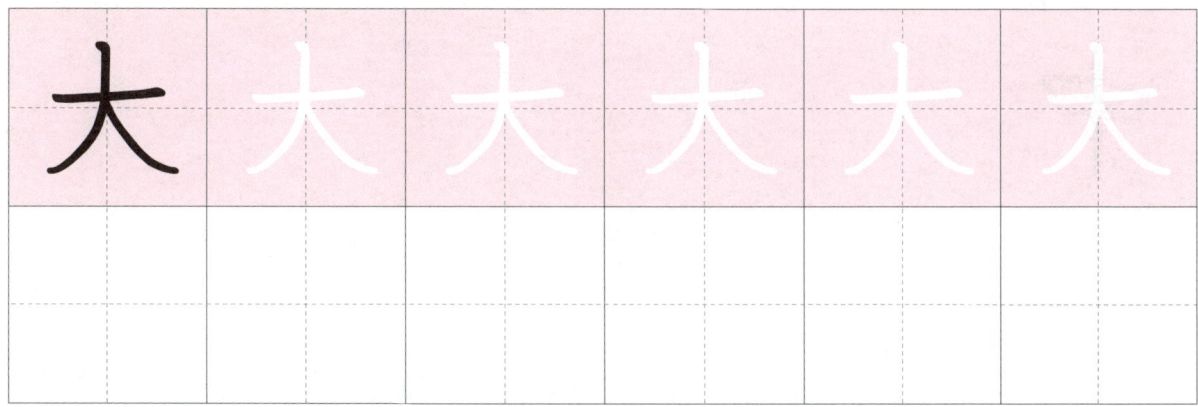

✏️ 필순에 따라 大를 쓰고 훈과 음을 쓰세요.

✏️ 大의 부수를 쓰고 이름을 써 보세요. | 필순(3획) 大 大 大

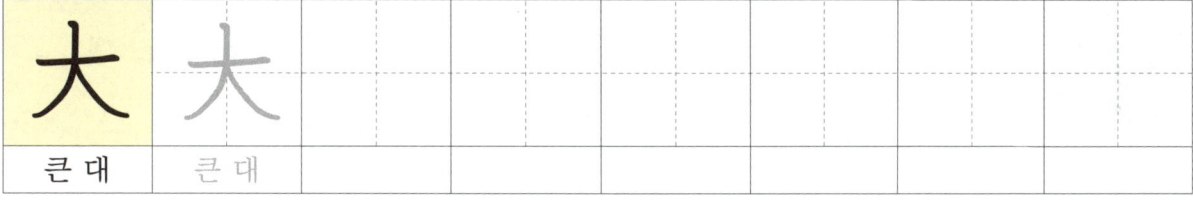

大門(대문) – 큰 문. 집의 정문.
大賞(대상) – 경연 대회 등에서 가장 우수한 사람이나 단체에게 주는 상.

제16과 수량과 색깔편　　　　　　　　　　　　　　　　　　월　　일

가운데 중 (ㅣ부수, 3획)　　필순(4획) 中 中 中 中

✏️ 필순에 따라 中을 쓰세요.

✏️ 필순에 따라 中을 쓰고 훈과 음을 쓰세요.

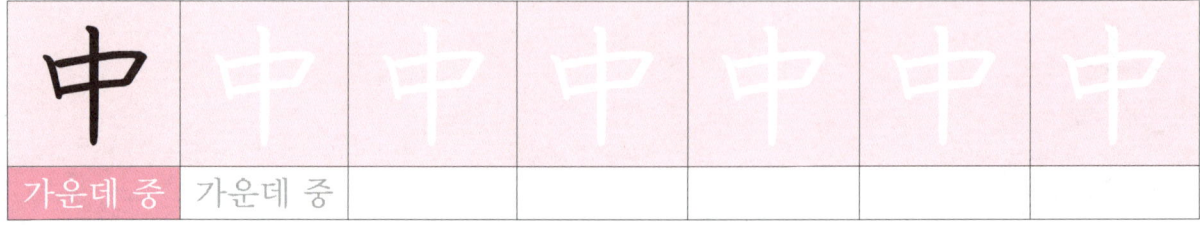

✏️ 中의 부수를 쓰고 이름을 써 보세요. | 필순(1획) ㅣ

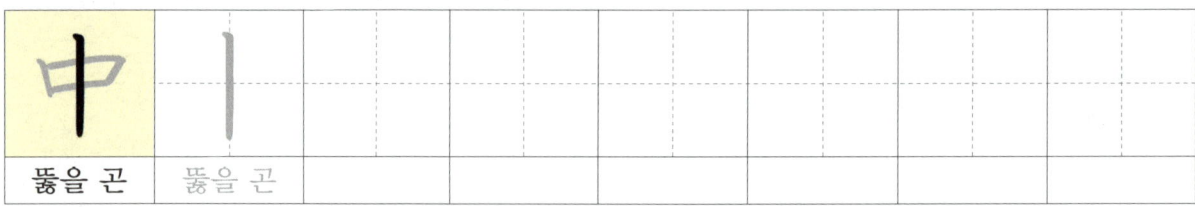

中間(중간) – 두 사물이나 현상의 사이.
中心(중심) – 한가운데. 한복판.

제16과 수량과 색깔편　　　　　　　　　　　　　　월　　일　　확인

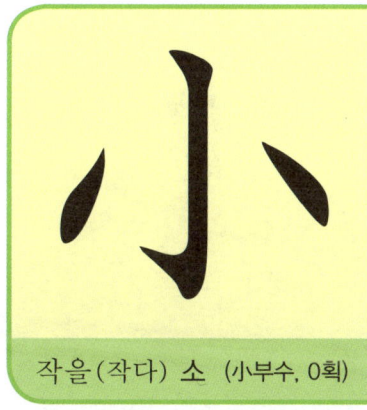

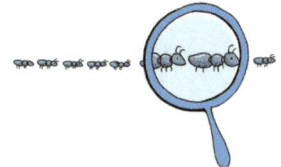

작은 곡식 알갱이가 모여 있는 모습을 본뜬 글자로, '매우 작고 가는 것'을 나타냅니다.

작을(작다) 소 (小부수, 0획)　　필순(3획) 小 小 小

✏️ 필순에 따라 小를 쓰세요.

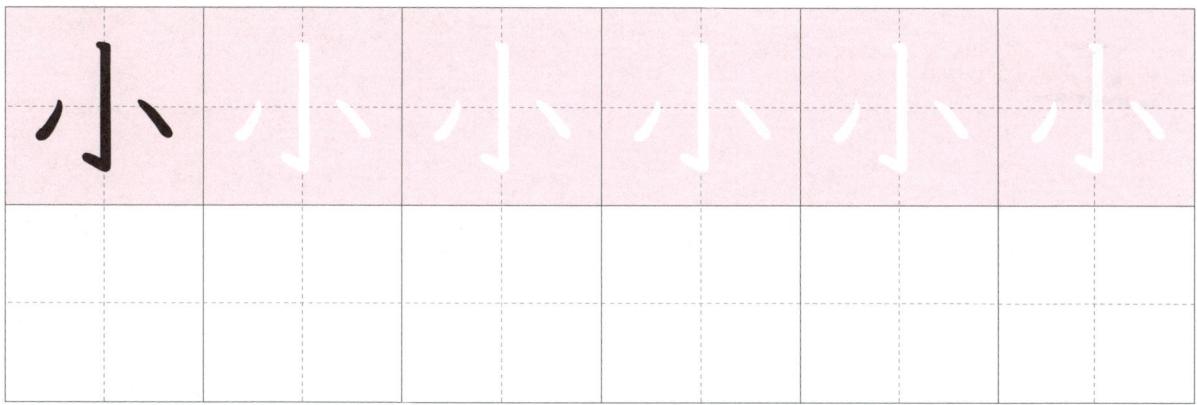

✏️ 필순에 따라 小를 쓰고 훈과 음을 쓰세요.

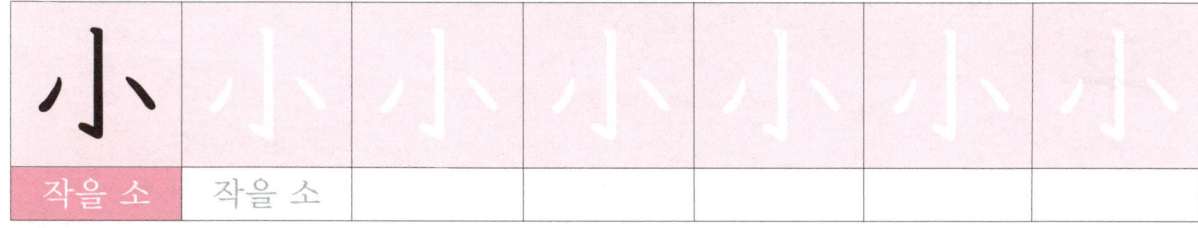

✏️ 小의 부수를 쓰고 이름을 써 보세요. | 필순(3획) 小 小 小

小門(소문) – 작은 문.
小國(소국) – 국력이 약하거나 국토가 작은 나라.

제16과 수량과 색깔편　　　　　　　　　　　　　월　　일

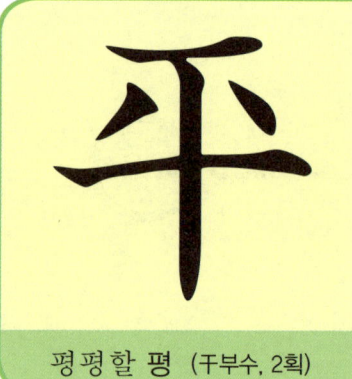

물 위에 뜬 물풀의 모양을 본뜬 글자로, 수면이 '고르고 평평하다'는 것을 나타냅니다.

평평할 평 (干부수, 2획)　　필순(5획) 平 平 平 平 平

✏️ 필순에 따라 平을 쓰세요.

平	平	平	平	平	平

✏️ 필순에 따라 平을 쓰고 훈과 음을 쓰세요.

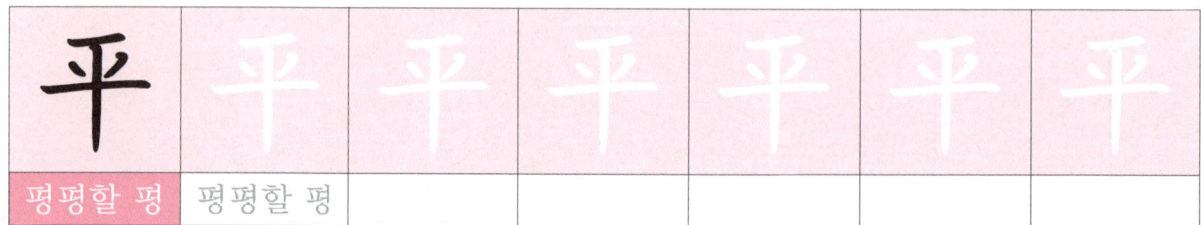

✏️ 平의 부수를 쓰고 이름을 써 보세요. | 필순(3획) 干 干 干

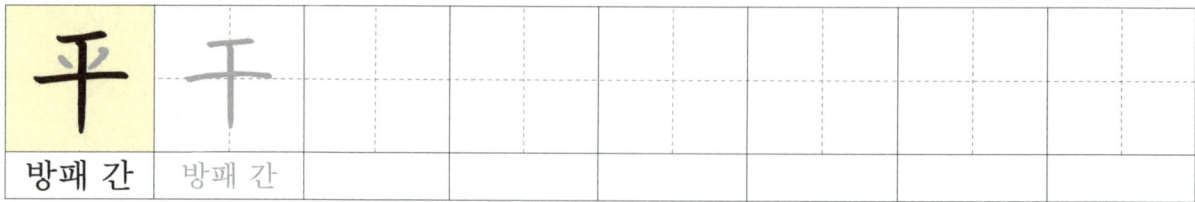

平和(평화) – 평온하고 화목함.
水平(수평) – 잔잔한 수면처럼 평평한 모양.

제16과 수량과 색깔편　　　　　　　　　　　　　　　　월　　일　　확인

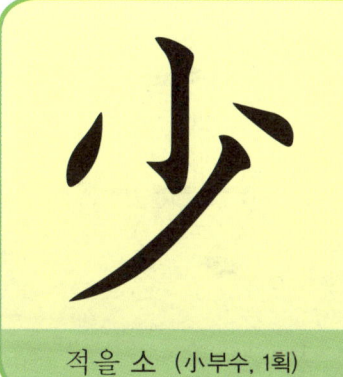

적을 소 (小부수, 1획)

小(작을 소) 자와 ノ(삐침 별) 자가 합쳐진 글자로, 작은 물체의 일부분이 떨어져 나가 '적어지는 것'을 나타냅니다.

필순(4획) 少 少 少 少

✏ 필순에 따라 少를 쓰세요.

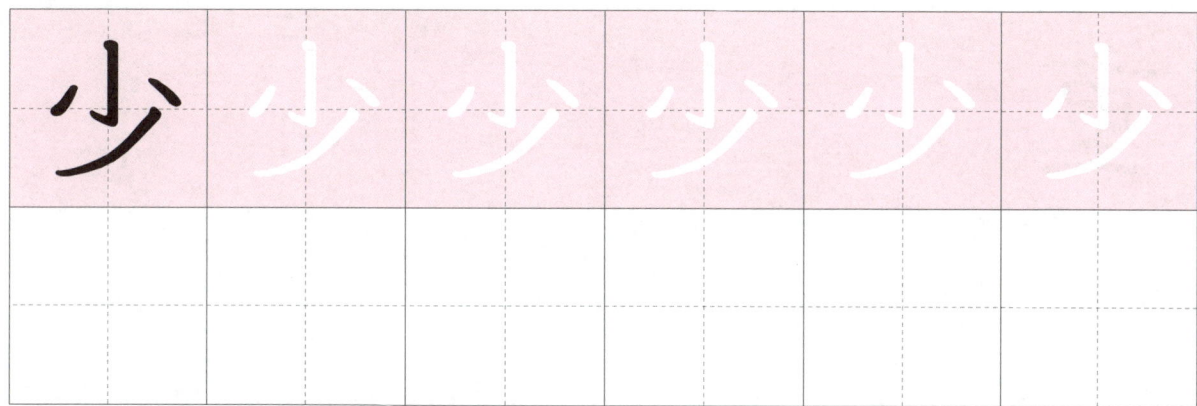

✏ 필순에 따라 少를 쓰고 훈과 음을 쓰세요.

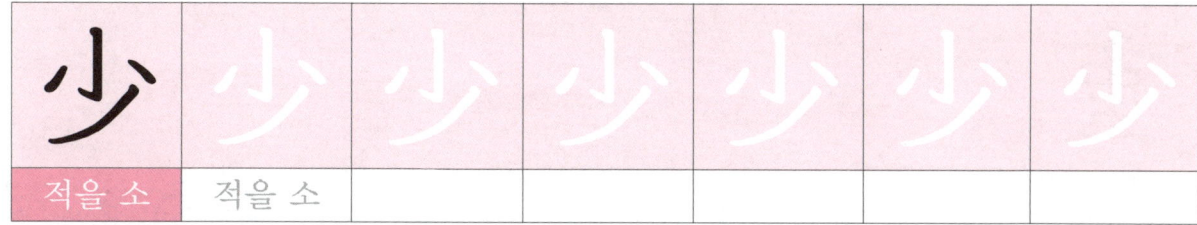

적을 소 | 적을 소

✏ 少의 부수를 쓰고 이름을 써 보세요. | 필순(3획) 小 小 小

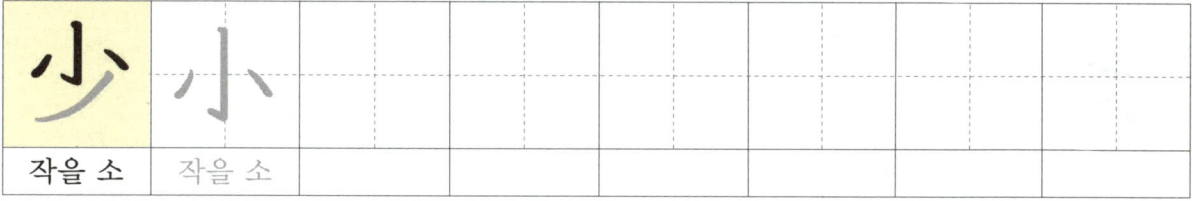

작을 소 | 작을 소

最少(최소) - 양 따위가 가장 적음.
少女(소녀) - 어린 여자아이.

제16과 수량과 색깔편　　　　　　　　　　　월　　일　　확인

사람이 무거운 짐을 짊어지고 가는 모양으로, '무겁다'를 나타냅니다.

무거울 중 (里부수, 2획)

필순(9획) 重 重 重 重 重 重 重 重 重

✏️ 필순에 따라 重을 쓰세요.

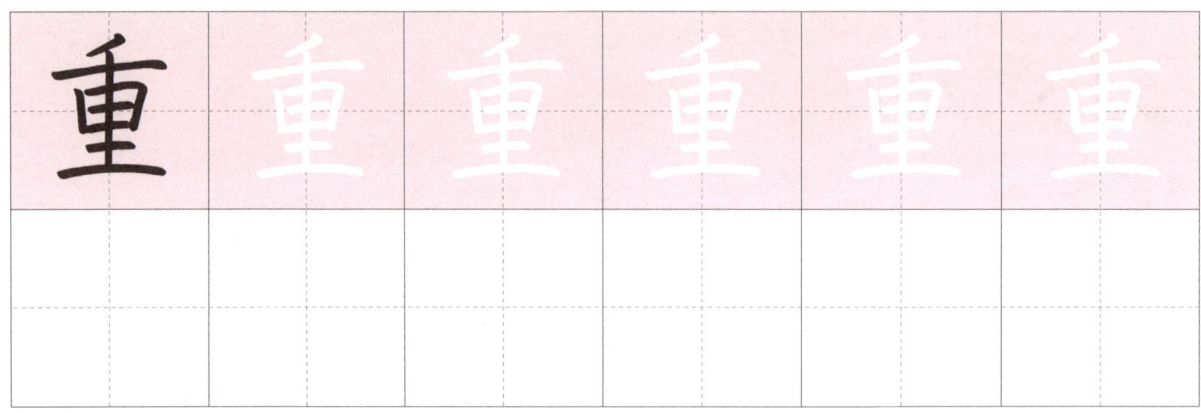

✏️ 필순에 따라 重을 쓰고 훈과 음을 쓰세요.

重	重	重	重	重	重	重
무거울 중	무거울 중					

✏️ 重의 부수를 쓰고 이름을 써 보세요. | **필순**(7획) 里 里 里 里 里 里 里

重	里					
마을 리	마을 리					

重視(중시) – 매우 중요하게 여김.
體重(체중) – 몸무게.

제16과 수량과 색깔편

머리 긴 노인이 지팡이를 짚고 있는 모양을 본뜬 글자로, '어른, 또는 (길이가) 길다'는 뜻을 나타냅니다.

어른/길 장 (長부수, 0획)   필순(8획) 長 長 長 長 長 長 長 長

✏️ 필순에 따라 長을 쓰세요.

✏️ 필순에 따라 長을 쓰고 훈과 음을 쓰세요.

어른/길 장 | 어른/길 장

✏️ 長의 부수를 쓰고 이름을 써 보세요. | 필순(8획) 長 長 長 長 長 長 長 長

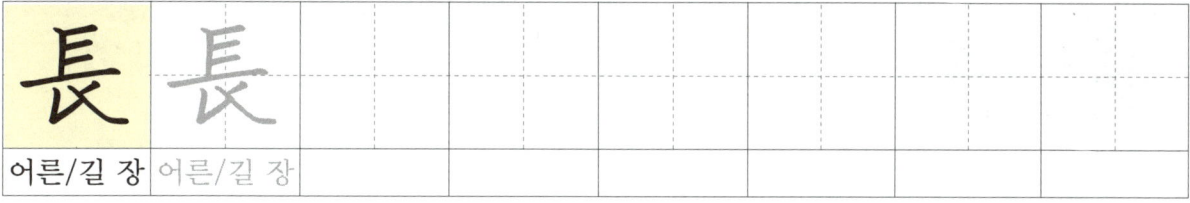

어른/길 장 | 어른/길 장

長文(장문) - 긴 글.
長子(장자) - 아들 가운데 첫째 아들. 맏아들.

제16과 수량과 색깔편

푸를 청 (靑부수, 0획)

화분의 푸른 난초 모양을 본뜬 글자로, '푸르다'는 뜻을 나타냅니다.

필순(8획) 靑 靑 靑 靑 靑 靑 靑 靑

✏️ 필순에 따라 靑을 쓰세요.

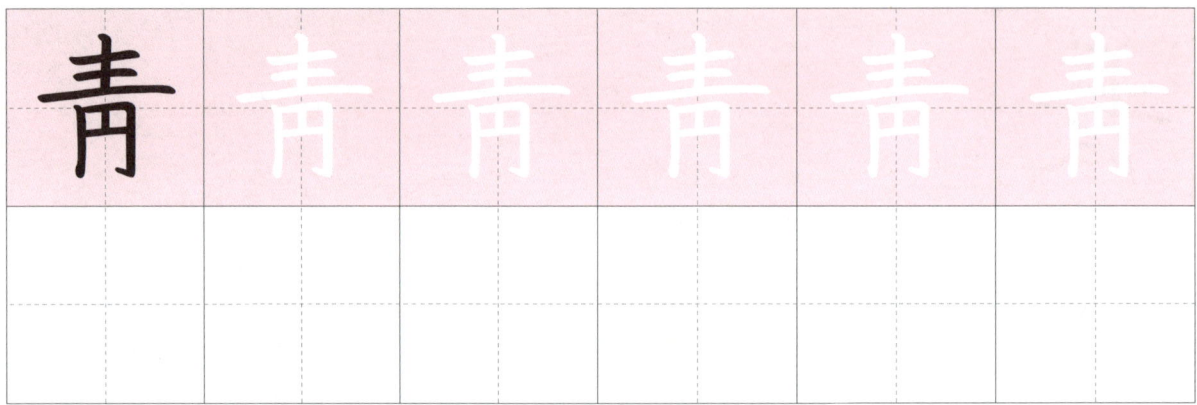

✏️ 필순에 따라 靑을 쓰고 훈과 음을 쓰세요.

靑	靑	靑	靑	靑	靑	靑
푸를 청	푸를 청					

✏️ 靑의 부수를 쓰고 이름을 써 보세요. | 필순(8획) 靑 靑 靑 靑 靑 靑 靑 靑

靑	靑						
푸를 청	푸를 청						

靑年(청년) – 젊은 사람.
靑春(청춘) – 젊은 나이 또는 그런 시절.

제16과 수량과 색깔편

밝은 햇빛의 모양을 본뜬 글자로, '희다'는 뜻을 나타냅니다.

흰 백 (白부수, 0획)   필순(5획) 白 白 白 白 白

✏ 필순에 따라 白을 쓰세요.

✏ 필순에 따라 白을 쓰고 훈과 음을 쓰세요.

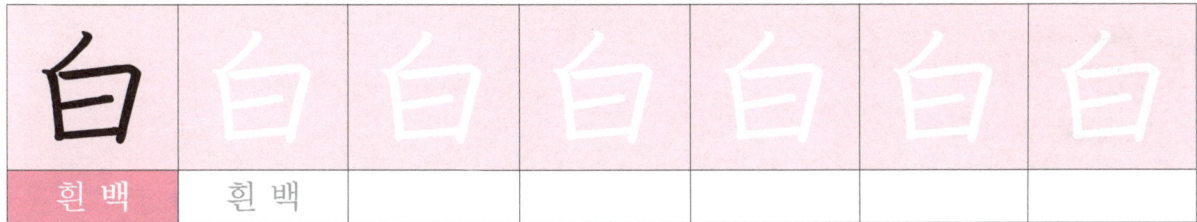

✏ 白의 부수를 쓰고 이름을 써 보세요. | 필순(5획) 白 白 白 白 白

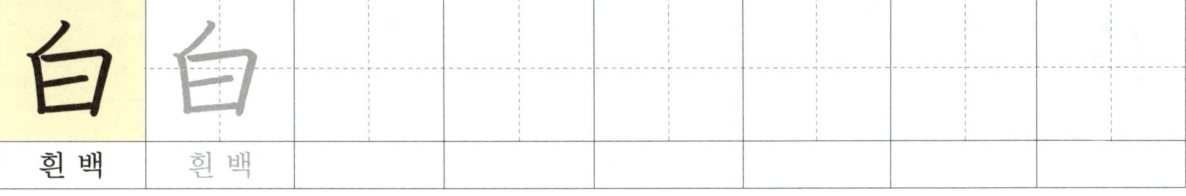

白人(백인) – 태어날 때부터 살빛이 흰 사람.
黑白(흑백) – 검은빛과 흰빛.

제16과 수량과 색깔편   월   일   확인

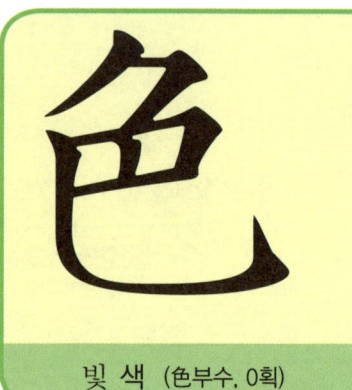

ㆍ(무릎 꿇은 사람을 나타냄) 자와 巴(땅 이름 파) 자가 합쳐진 글자로, 사람의 마음과 얼굴색은 무릎을 꿇은 모습에서 알 수 있다는 데서 '빛깔' 혹은 '사람의 얼굴빛'을 나타냅니다.

빛 색 (色부수, 0획)   필순(6획) 色色色色色色

✏ 필순에 따라 色을 쓰세요.

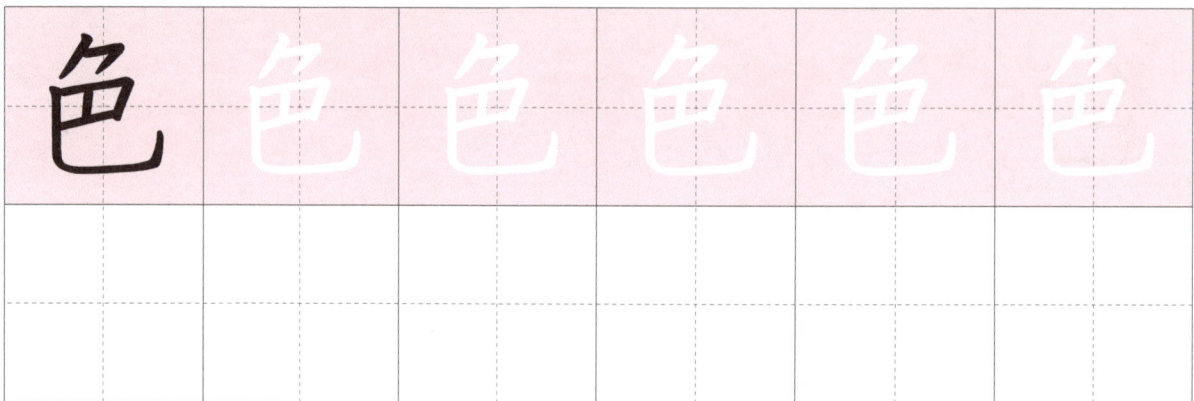

✏ 필순에 따라 色을 쓰고 훈과 음을 쓰세요.

色	色	色	色	色	色	色
빛색	빛색					

✏ 色의 부수를 쓰고 이름을 써 보세요. | 필순(6획) 色色色色色色

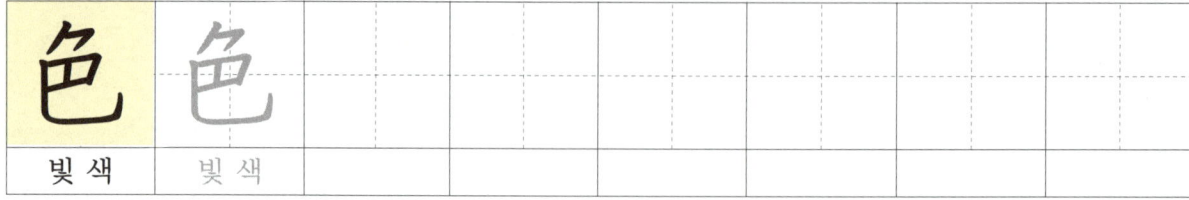

五色(오색) – 다섯 가지 빛깔.
染色(염색) – 실이나 천 따위에 다른 빛깔의 물을 들임.

기출 및 예상 문제

※ 밑줄 친 부분과 같은 의미의 한자를 |보기|에서 골라 번호를 쓰세요.

| 보기 |
① 長　　② 靑　　③ 大　　④ 中
⑤ 小　　⑥ 平　　⑦ 重　　⑧ 白

(1) 코끼리는 몸이 무거워서 몸무게도 많이 나갑니다. (　　)

(2) 원숭이는 코끼리에 비해 몸집이 아주 작습니다. (　　)

(3) 기린은 목이 길어서 높고 멀리 있는 것도 잘 볼 수 있습니다. (　　)

(4) 백호는 온몸이 흰색입니다. (　　)

(5) 곰은 덩치가 아주 큽니다. (　　)

※ 다음 문장에서 밑줄 친 단어의 한자를 |보기|에서 골라 번호를 쓰세요.

| 보기 |
① 市場　　② 水平　　③ 靑年　　④ 白人　　⑤ 大門
⑥ 少女　　⑦ 平和　　⑧ 長文　　⑨ 中心　　⑩ 中間

(6) 유럽에 가면 백인이 많습니다. (　　)

(7) 친구에게 장문의 편지를 씁니다. (　　)

(8) 추가 수평을 유지합니다. (　　)

(9) 모자를 쓴 긴 머리의 소녀가 걸어갑니다. (　　)

(10) 반에서 철수의 키는 중간 정도입니다. (　　)

제17과 인생편   월   일   확인

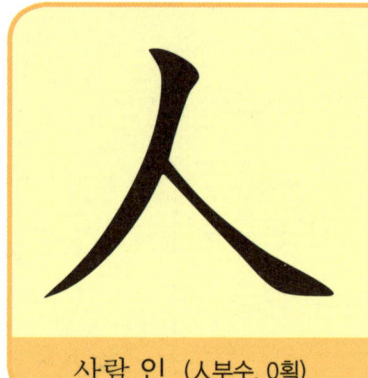
사람 인 (人부수, 0획)

서 있는 사람의 옆모습을 본뜬 글자로, '사람'을 나타냅니다.

필순(2획) 人 人

✏️ 필순에 따라 人을 쓰세요.

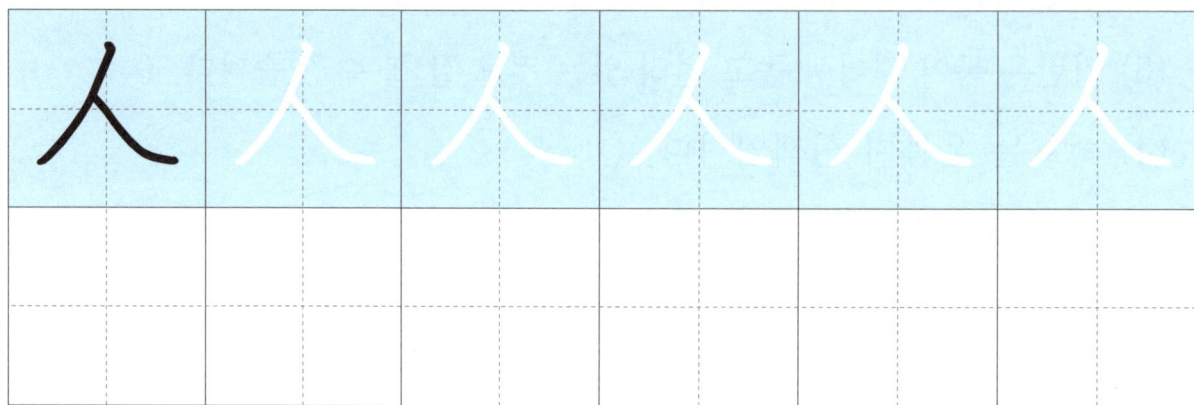

✏️ 필순에 따라 人을 쓰고 훈과 음을 쓰세요.

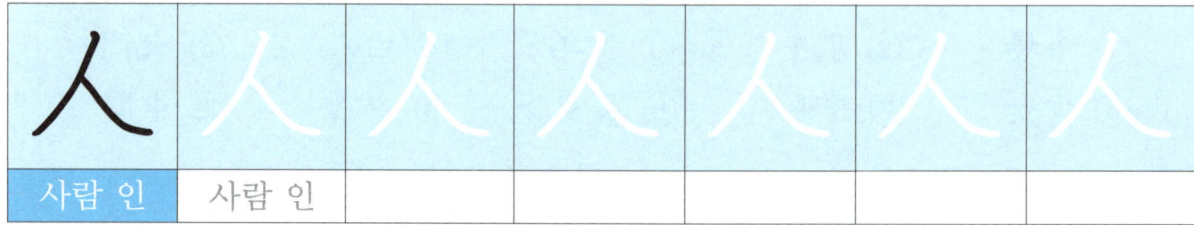

✏️ 人의 부수를 쓰고 이름을 써 보세요. | 필순(2획) 人 人

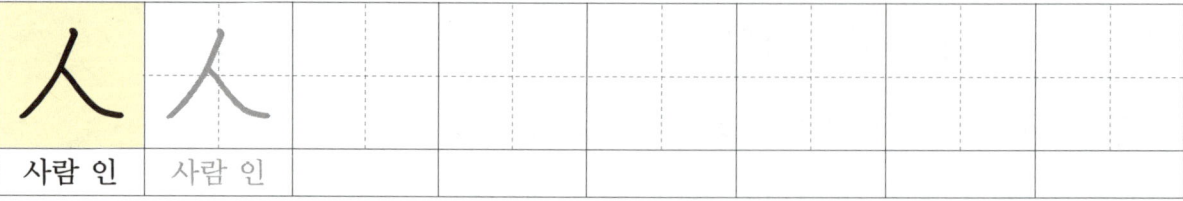

人生(인생) - 사람이 살아가는 인간 생활.
人間(인간) - 사람이나 인류.

80

제17과 인생편   월   일   확인

머리카락이 길고 허리가 굽은 노인이 지팡이를 짚고 서 있는 모양으로, '늙다'를 나타냅니다.

늙을 로(노) (老부수, 0획)   **필순**(6획) 老老老老老老

✏️ 필순에 따라 老를 쓰세요.

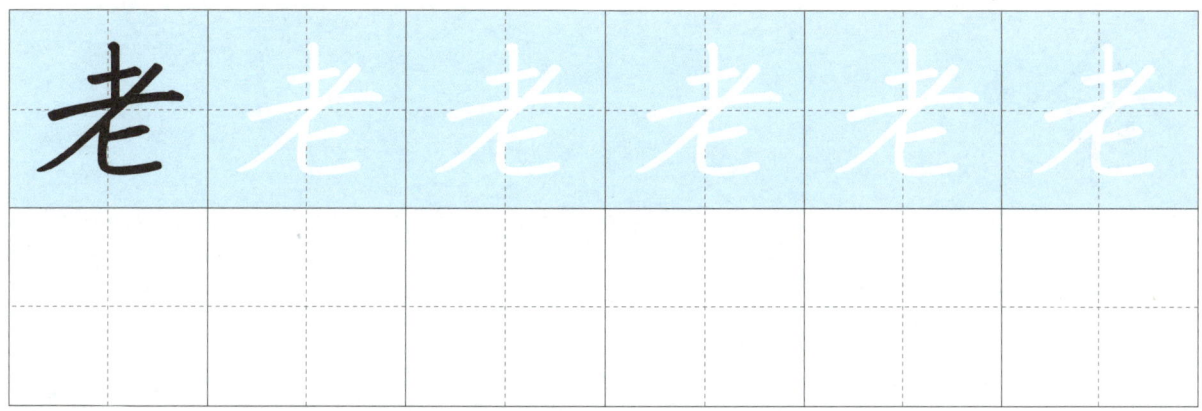

✏️ 필순에 따라 老를 쓰고 훈과 음을 쓰세요.

老	老	老	老	老	老
늙을 로	늙을 로				

✏️ 老의 부수를 쓰고 이름을 써 보세요. | **필순**(6획) 老老老老老老

老	老						
늙을 로	늙을 로						

敬老(경로) – 노인을 공경함.
老年(노년) – 늙은 나이.

제17과 인생편   월 일   확인

令 + 口 → 命

令(하여금 령) 자와 口(입 구) 자가 합쳐진 글자로, 윗사람이 하라고 말한 일은 목숨을 걸고 지킨다는 데서 '목숨'을 나타냅니다.

목숨 명 (口부수, 5획)   필순(8획) 命 命 命 命 命 命 命 命

✏️ 필순에 따라 命을 쓰세요.

✏️ 필순에 따라 命을 쓰고 훈과 음을 쓰세요.

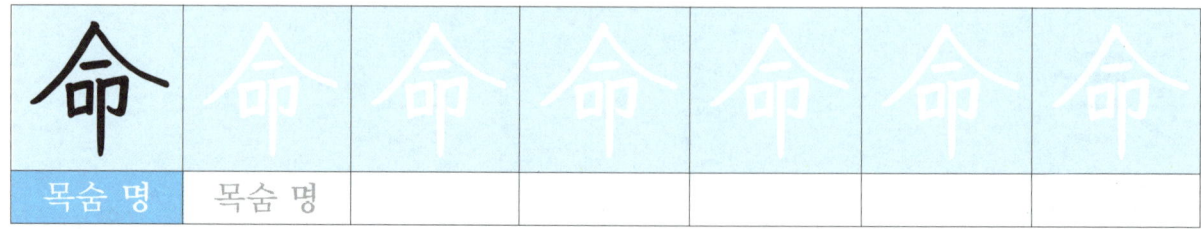

✏️ 命의 부수를 쓰고 이름을 써 보세요. | 필순(3획) 口 口 口

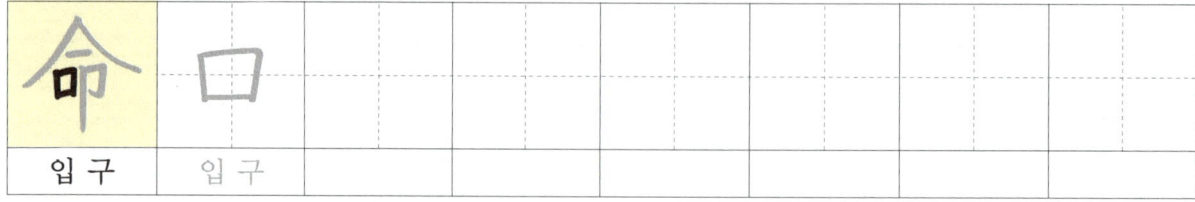

任命(임명) – 일정한 지위나 임무를 남에게 맡김.
生命(생명) – 목숨. 살아 있기 위한 힘의 바탕.

제17과 인생편   월   일   확인

水(=氵) + 舌 → 活

水(물 수) 자와 舌(혀 설) 자가 합쳐진 글자로, 물소리가 사람이 말하는 것처럼 생기가 넘친다고 하여 '살다'를 나타냅니다.

살 활 (氵(=水)부수, 6획)

필순(9획) 活活活活活活活活活

✏ 필순에 따라 活을 쓰세요.

✏ 필순에 따라 活을 쓰고 훈과 음을 쓰세요.

活	活	活	活	活	活	活
살 활	살 활					

✏ 活의 부수를 쓰고 이름을 써 보세요. | **필순**(4획) 水 水 水 水 (水=氵)

活	水					
물 수	물 수					

活力素(활력소) - 살아 움직이는 힘의 원천.
活氣(활기) - 활발한 기운.

제17과 인생편　　　　　　　　　　　　　　　　　　　　　　　월　　일

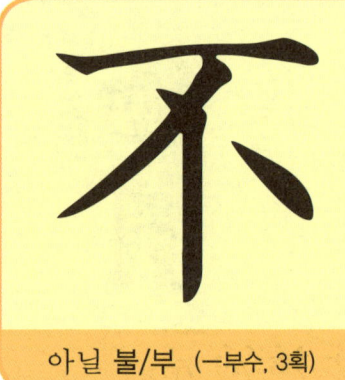

새가 날아 올라가서 내려오지 않음을 본뜬 글자로, 부정의 의미인 '아니다'를 나타냅니다.

아닐 불/부　(一부수, 3획)　　필순(4획)　不 不 不 不

✏️ 필순에 따라 不을 쓰세요.

✏️ 필순에 따라 不을 쓰고 훈과 음을 쓰세요.

아닐 불/부 | 아닐 불/부

✏️ 不의 부수를 쓰고 이름을 써 보세요. | 필순(1획) 一

한 일 | 한 일

不滿(불만) – 마음에 차지 않음.
不足(부족) – 필요한 양이나 기준에 미치지 못하고 모자람.

제17과 인생편

又(=ナ)+肉(=月)→有

又(또 우, 손을 나타냄) 자와 肉(고기 육) 자가 합쳐진 글자로, 손에 고기가 들려 있음을 뜻하여 '있다'를 나타냅니다.

있을 유 (月(=肉)부수, 2획)

필순(6획) 有 有 有 有 有 有

✏️ 필순에 따라 有를 쓰세요.

有	有	有	有	有	有

✏️ 필순에 따라 有를 쓰고 훈과 음을 쓰세요.

有	有	有	有	有	有
있을 유	있을 유				

✏️ 有의 부수를 쓰고 이름을 써 보세요. | 필순(6획) 肉 肉 肉 肉 肉 肉 (肉=月)

有	肉				
고기 육	고기 육				

所有(소유) – 가지고 있음.
國有(국유) – 국가의 소유.

제17과 인생편　　　　　　　　　　　　　　　　　　　　　월　　일　　확인

穴 + 工 ▶ 空

穴(구멍 혈) 자와 工(장인 공) 자가 합쳐진 글자로, 도구를 이용하여 땅에 구멍을 내면 땅속이 빈다고 해서 '비다'라는 뜻을 나타냅니다.

빌(비다) 공 (穴부수, 3획)　　필순(8획) 空空空空空空空空

✏️ 필순에 따라 空을 쓰세요.

空	空	空	空	空	空

✏️ 필순에 따라 空을 쓰고 훈과 음을 쓰세요.

空	空	空	空	空	空	空
빌 공	빌 공					

✏️ 空의 부수를 쓰고 이름을 써 보세요.　|　필순(5획) 穴 穴 穴 穴 穴

空	穴					
구멍 혈	구멍 혈					

虛空(허공) - 텅 빈 공중.
空中(공중) - 하늘과 땅 사이의 빈 곳.

제17과 인생편

入 + 玉(王) → 全

入(들 입) 자와 玉(구슬 옥) 자가 합쳐진 글자로, 사람의 손에 옥이 들어가 닦이면 온전해진다고 하여 '온전하다'를 나타냅니다.

온전할 전 (入부수, 4획)

필순(6획) 全全全全全全

✏️ 필순에 따라 全을 쓰세요.

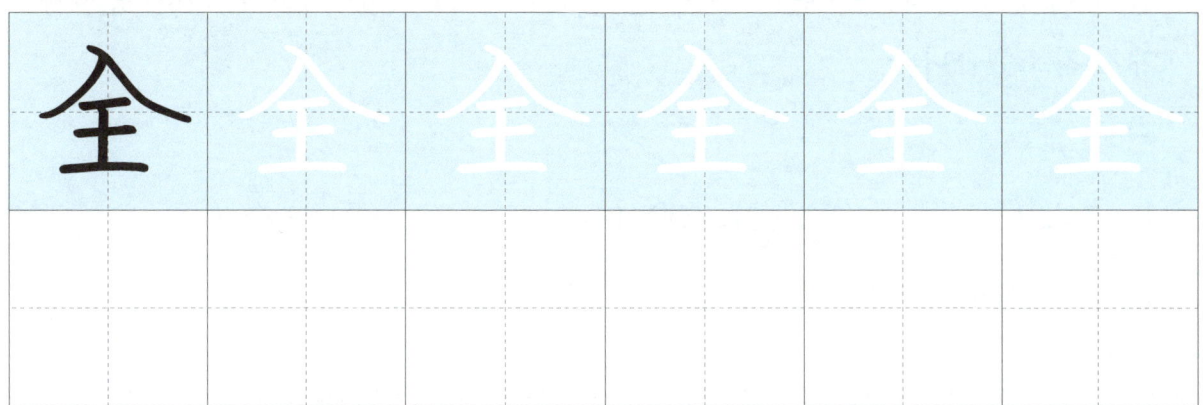

✏️ 필순에 따라 全을 쓰고 훈과 음을 쓰세요.

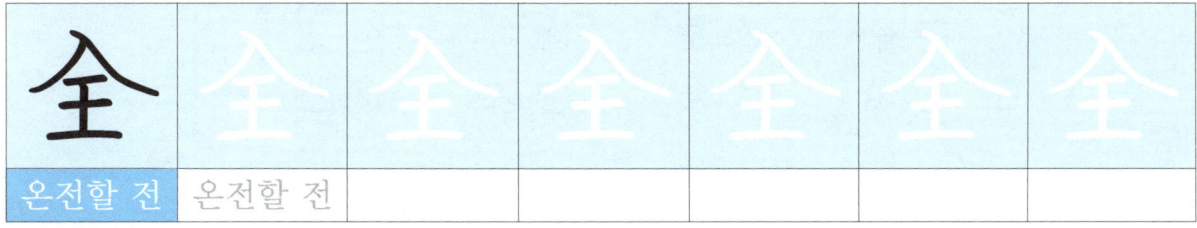

온전할 전 | 온전할 전

✏️ 全의 부수를 쓰고 이름을 써 보세요. | 필순(2획) 入 入

들 입 | 들 입

安全(안전) – 위험이 생기거나 사고가 날 염려가 없음.
全校生(전교생) – 한 학교의 전체 학생.

기출 및 예상 문제

※ 아래 글은 신문 기사의 일부분입니다. 밑줄 친 한자어의 독음을 쓰세요.

전기료 체납으로 단전된 집에서 老人이 켜 놓은 촛불 때문에 불이 났습니다. 어젯밤 10시쯤 부산 신평동 김모 씨 집 안방에서 불이 나 이불과 가구 등을 태워 50만 원 상당의 재산 피해를 냈지만 집에서 혼자 잠을 자던 김 씨의 부친이 집 밖으로 피해 人命 피해는 없었습니다. 경찰은 안방 바닥에 있던 촛불이 이불에 옮겨 붙으면서 불이 난 것으로 보고 安全 사고에 대한 당부를 재차 강조했습니다.

(1) 老人 (　　　)　(2) 人命 (　　　)　(3) 安全 (　　　)

※ 다음 훈(뜻)과 음(소리)에 맞는 한자를 |보기|에서 골라 번호를 쓰세요.

| 보기 |
① 命　② 空　③ 有　④ 老
⑤ 不　⑥ 活　⑦ 人　⑧ 全

(4) 아닐 불/부 (　　　)　(5) 살 활 (　　　)

(6) 온전할 전 (　　　)　(7) 사람 인 (　　　)

(8) 있을 유 (　　　)　(9) 목숨 명 (　　　)

(10) 빌 공 (　　　)　(11) 늙을 로(노) (　　　)

기출 및 예상 문제

월 일 　확인

※ |보기|에 있는 한자를 이용하여 글자를 만들거나, 글자의 훈(뜻)과 음(소리)을 쓰세요.

|보기|
① 不　　② 中　　③ 命　　④ 安　　⑤ 空
⑥ 老　　⑦ 生　　⑧ 全　　⑨ 活　　⑩ 間
⑪ 年　　⑫ 有　　⑬ 人　　⑭ 氣

(12) 일하는 노년이 아름답습니다. 밑줄 친 글자에 해당하는 한자의 번호를 찾아 쓰세요. (　　　)

(13) 옛말에 '인명은 재천'이라고 하였습니다. 밑줄 친 글자에 해당하는 한자의 번호를 찾아 쓰세요. (　　　)

(14) 바이킹을 타면 공중에 떠 있는 기분이라 좋습니다. 밑줄 친 글자에 해당하는 한자의 번호를 찾아 쓰세요. (　　　)

(15) 活의 훈(뜻)과 음(소리)을 쓰세요. (　　　)

(16) 全의 훈(뜻)과 음(소리)을 쓰세요. (　　　)

(17) 우리나라의 生命 공학은 눈부신 발전을 하였습니다. 밑줄 친 한자의 독음을 쓰세요. (　　　)

(18) 그 사람은 범인이 아닐 가능성이 큽니다. 밑줄 친 글자에 해당하는 한자의 번호를 찾아 쓰세요. (　　　)

기출 및 예상 문제 정답

제10과 계절과 시간편·16
(1) 래(내)
(2) 년(연)
(3) 추
(4) 석
(5) 오
(6) 전
(7) ③
(8) ②
(9) ④
(10) ①
(11) 봄과 가을
(12) 한때(한동안)
(13) 해 년(연)
(14) 낮 오
(15) 봄 춘
(16) 번개 전

(17) 때 시
(18) 저녁 석
(19) ④
(20) ④

제11과 방위편·25
(1) ②
(2) ③
(3) ⑤
(4) ①
(5) ④
(6) ②
(7) ③
(8) ⑥
(9) ①
(10) ②
(11) ⑤

제12과 위치와 방향편·37
(1) ⑤
(2) ①
(3) ③
(4) ③
(5) ⑤
(6) ④
(7) ①

제13과 나라편·48
(1) ㉤-㉥-㉢-
　㉠-㉡-㉣-
　㉣-㉦-㉫
(2) ㉣-㉠-㉢

(12) ④
(3) 국민
(4) 국가
(5) 대한민국
(6) 세상
(7) ⑧
(8) ③
(9) ⑤
(10) ①

제14과 사회편·58
(1) 물건 물
(2) 성씨 성
(3) 바를 정
(4) 곧을 직
(5) 수레 거/차
(6) 주인 주

ⓛ-ⓜ
(7) ⑥
(8) ③
(9) ④
(10) ①
(11) ②
(12) ④
(13) ①
(14) ②
(15) ③
(16) ④
(17) ⑤
(18) ①
(19) ②

제15과 마을편·67
(1) 고을 읍
(2) 한가지 동

(3) 농사 농
(4) 마을 촌
(5) ④
(6) ③
(7) ①
(8) ①
(9) ②
(10) ⑤
(11) ④
(12) ①
(13) 농촌
(14) 십리
(15) 읍내
(16) 동장
(17) ④
(18) ①
(19) ②

제16과 수량과 색깔편·79
(1) ⑦
(2) ⑤
(3) ①
(4) ③
(5) ④
(6) ④
(7) ⑧
(8) ②
(9) ⑥
(10) ⑩

제17과 인생편·88
(1) 노인
(2) 인명
(3) 안전

(4) ⑤
(5) ⑥
(6) ⑧
(7) ⑦
(8) ③
(9) ①
(10) ②
(11) ④
(12) ⑥, ⑪
(13) ⑬, ③
(14) ⑤, ②
(15) 살 활
(16) 온전할 전
(17) 생명
(18) ⑬

7급 모의 한자능력검정시험 정답

제1회
(1) 입춘
(2) 오색
(3) 인물
(4) 동서
(5) 지방
(6) 농부
(7) 노인
(8) 성명
(9) 남하
(10) 세상
(11) 백인
(12) 내년
(13) 출세
(14) 십리
(15) 좌우
(16) 공간
(17) 정오
(18) 군인
(19) 민가
(20) 국가
(21) 소녀
(22) 백기
(23) 자주
(24) 소유
(25) 농촌
(26) 인생
(27) 소국

(28) 외출
(29) 상하
(30) 활력
(31) 안전
(32) 한국
(33) 때 시
(34) 가운데 중
(35) 임금 왕
(36) 나라/한국 한
(37) 무거울 중
(38) 동녘 동
(39) 일 사
(40) 물건 물
(41) 빌 공
(42) 모 방
(43) 저자 시
(44) 백성 민
(45) 가을 추
(46) 왼 좌
(47) 고을 읍
(48) 성씨 성
(49) 군사 군
(50) 사이 간
(51) 어린
　　여자아이
(52) 남쪽 문
(53) ⑩
(54) ②

(55) ①
(56) ⑦
(57) ⑥
(58) ⑧
(59) ④
(60) ⑨
(61) ⑤
(62) ③
(63) ②
(64) ①
(65) ③
(66) ①
(67) ③
(68) ②
(69) ①
(70) ②

제2회
(1) 청춘
(2) 서방
(3) 수평
(4) 농부
(5) 왕국
(6) 연상
(7) 대국
(8) 읍내
(9) 공장
(10) 한자

(11) 군인
(12) 출입
(13) 소국
(14) 활기
(15) 지명
(16) 국토
(17) 안전
(18) 추석
(19) 하산
(20) 인간
(21) 소문
(22) 정직
(23) 생명
(24) 시간
(25) 장문
(26) 전기
(27) 공중
(28) 북상
(29) 일시
(30) 전후
(31) 노년
(32) 인간사
(33) 남녘 남
(34) 봄 춘
(35) 마을 동
(36) 수레 거/차
(37) 안 내
(38) 마당 장

(39) 큰 대
(40) 기 기
(41) 곧을 직
(42) 있을 유
(43) 매양 매
(44) 인간 세
(45) 늙을 로(노)
(46) 푸를 청
(47) 번개 전
(48) 마을 촌
(49) 온전할 전
(50) 뒤 후
(51) 묻고 답함
(52) 해와 달
(53) ①
(54) ⑨
(55) ⑤
(56) ②
(57) ④
(58) ⑩
(59) ③
(60) ⑥
(61) ⑧
(62) ⑦
(63) ②
(64) ①
(65) ③
(66) ②

(67) ④
(68) ③
(69) ②
(70) ③

제3회
(1) 오전
(2) 국민
(3) 소사
(4) 청년
(5) 춘하
(6) 유명
(7) 남북
(8) 교외
(9) 춘추
(10) 장소
(11) 이장
(12) 읍내
(13) 국내
(14) 중심
(15) 백색
(16) 좌우
(17) 내년
(18) 연하
(19) 대문
(20) 평일
(21) 시장
(22) 동장

(23) 국유
(24) 동문
(25) 자동
(26) 중간
(27) 소년
(28) 중력
(29) 청춘
(30) 시간
(31) 동방
(32) 전교생
(33) 여름 하
(34) 농사 농
(35) 어른/길 장
(36) 목숨 명
(37) 앞 전
(38) 해 년(연)
(39) 바를 정
(40) 북녘 북
(41) 바/곳 소
(42) 살 활
(43) 한나라 한
(44) 장인 공
(45) 윗 상
(46) 낮 오
(47) 평평할 평
(48) 흰 백
(49) 바깥 외
(50) 나라 국

(51) 큰 나라
(52) 활발한
　　기운
(53) ⑤
(54) ①
(55) ④
(56) ②
(57) ⑦
(58) ⑧
(59) ⑨
(60) ⑩
(61) ⑥
(62) ③
(63) ⑤
(64) ④
(65) ③
(66) ②
(67) ③
(68) ②
(69) ②
(70) ②

※모의 한자능력검정시험 답을 이곳에 쓰세요.

수험번호 ☐☐☐-☐☐-☐☐☐☐ 성명 ☐☐☐☐☐

주민등록번호 ☐☐☐☐☐☐-☐☐☐☐☐☐☐

※답안지는 컴퓨터로 처리되므로 구기거나 더럽히지 마시고, 정답 칸 안에만 쓰십시오.
　글씨가 채점란으로 들어오면 오답 처리 됩니다.　　　　　　　　　※유성 사인펜, 붉은색 필기구 사용 불가.

제1회 한자능력검정시험 7급 답안지(1)

번호	답안란 정답	채점란 1검	채점란 2검	번호	답안란 정답	채점란 1검	채점란 2검	번호	답안란 정답	채점란 1검	채점란 2검
1				12				23			
2				13				24			
3				14				25			
4				15				26			
5				16				27			
6				17				28			
7				18				29			
8				19				30			
9				20				31			
10				21				32			
11				22				33			

감독 위원	채점 위원(1)		채점 위원(2)		채점 위원(3)	
(서명)	(득점)	(서명)	(득점)	(서명)	(득점)	(서명)

※답안지는 컴퓨터로 처리되므로 구기거나 더럽히지 마시고, 정답 칸 안에만 쓰십시오.
  글씨가 채점란으로 들어오면 오답 처리 됩니다.

제1회 한자능력검정시험 7급 답안지(2)

번호	답안란 정답	채점란 1검	채점란 2검	번호	답안란 정답	채점란 1검	채점란 2검	번호	답안란 정답	채점란 1검	채점란 2검
34				47				60			
35				48				61			
36				49				62			
37				50				63			
38				51				64			
39				52				65			
40				53				66			
41				54				67			
42				55				68			
43				56				69			
44				57				70			
45				58							
46				59							

※모의 한자능력검정시험 답을 이곳에 쓰세요.

수험번호 □□□-□□-□□□□　　성명 □□□□□
주민등록번호 □□□□□□-□□□□□□□

※답안지는 컴퓨터로 처리되므로 구기거나 더럽히지 마시고, 정답 칸 안에만 쓰십시오.
　글씨가 채점란으로 들어오면 오답 처리 됩니다.　　　※유성 사인펜, 붉은색 필기구 사용 불가.

제2회 한자능력검정시험 7급 답안지(1)

번호	답안란 정답	채점란 1검	2검	번호	답안란 정답	채점란 1검	2검	번호	답안란 정답	채점란 1검	2검
1				12				23			
2				13				24			
3				14				25			
4				15				26			
5				16				27			
6				17				28			
7				18				29			
8				19				30			
9				20				31			
10				21				32			
11				22				33			

감독 위원	채점 위원(1)		채점 위원(2)		채점 위원(3)	
(서명)	(득점)	(서명)	(득점)	(서명)	(득점)	(서명)

※답안지는 컴퓨터로 처리되므로 구기거나 더럽히지 마시고, 정답 칸 안에만 쓰십시오.
 글씨가 채점란으로 들어오면 오답 처리 됩니다.

제2회 한자능력검정시험 7급 답안지(2)

번호	답안란 정 답	채점란 1검	채점란 2검	번호	답안란 정 답	채점란 1검	채점란 2검	번호	답안란 정 답	채점란 1검	채점란 2검
34				47				60			
35				48				61			
36				49				62			
37				50				63			
38				51				64			
39				52				65			
40				53				66			
41				54				67			
42				55				68			
43				56				69			
44				57				70			
45				58							
46				59							

※모의 한자능력검정시험 답을 이곳에 쓰세요.

수험번호 ☐☐☐-☐☐-☐☐☐☐ 성명 ☐☐☐☐☐
주민등록번호 ☐☐☐☐☐☐-☐☐☐☐☐☐☐

※답안지는 컴퓨터로 처리되므로 구기거나 더럽히지 마시고, 정답 칸 안에만 쓰십시오.
  글씨가 채점란으로 들어오면 오답 처리 됩니다. ※유성 사인펜, 붉은색 필기구 사용 불가.

제3회 한자능력검정시험 7급 답안지(1)

번호	답안란 정답	채점란 1검	채점란 2검	번호	답안란 정답	채점란 1검	채점란 2검	번호	답안란 정답	채점란 1검	채점란 2검
1				12				23			
2				13				24			
3				14				25			
4				15				26			
5				16				27			
6				17				28			
7				18				29			
8				19				30			
9				20				31			
10				21				32			
11				22				33			

감독 위원	채점 위원(1)		채점 위원(2)		채점 위원(3)	
(서명)	(득점)	(서명)	(득점)	(서명)	(득점)	(서명)

※답안지는 컴퓨터로 처리되므로 구기거나 더럽히지 마시고, 정답 칸 안에만 쓰십시오.
　글씨가 채점란으로 들어오면 오답 처리 됩니다.

제3회 한자능력검정시험 7급 답안지(2)

번호	답안란 정 답	채점란 1검	채점란 2검	번호	답안란 정 답	채점란 1검	채점란 2검	번호	답안란 정 답	채점란 1검	채점란 2검
34				47				60			
35				48				61			
36				49				62			
37				50				63			
38				51				64			
39				52				65			
40				53				66			
41				54				67			
42				55				68			
43				56				69			
44				57				70			
45				58							
46				59							

모의 한자능력검정시험

한자능력검정시험 대비

(주)효리원
02-3675-5225 / www.hyoreewon.com

모의 한자능력검정시험을 볼 때 주의할 점!

1. 실제 시험을 치른다는 마음으로 진지하게 응하도록 합니다.

2. 7급 상, 하를 완전히 익힌 뒤 모의 시험을 치르도록 합니다.

3. 실제 시험을 치르는 것처럼 답안지에 직접 정답을 작성하며, 실제 시험과 같은 검정색 필기구를 사용하도록 합니다.

4. 채점을 할 때 애매한 답은 무조건 오답으로 처리하도록 합니다.

5. 시험 문항 수는 모두 70문제이고, 배정 시간은 50분입니다.

6. 채점을 한 뒤 자신의 수준을 파악하여 구체적인 학습 계획을 세우도록 합니다. 점수가 55점 이하인 경우에는 학습이 부족한 것이므로 7급 과정을 다시 한 번 공부하고, 다음 단계인 6급 과정으로 넘어가도록 합니다.

第1回 漢字能力檢定試驗 7級 問題紙

※ 〈보기〉와 같이 다음 漢字語(한자어)의 讀音(독음)을 쓰세요. (1~32)

〈보기〉
漢字 → 한자

(1) 立春
(2) 五色
(3) 人物
(4) 東西
(5) 地方
(6) 農夫
(7) 老人
(8) 姓名
(9) 南下
(10) 世上
(11) 白人
(12) 來年
(13) 出世
(14) 十里
(15) 左右
(16) 空間
(17) 正午
(18) 軍人
(19) 民家
(20) 國家
(21) 少女
(22) 白旗
(23) 自主
(24) 所有
(25) 農村
(26) 人生
(27) 小國
(28) 外出
(29) 上下
(30) 活力
(31) 安全
(32) 韓國

※ 〈보기〉와 같이 다음 漢字(한자)의 訓(훈)과 音(음)을 쓰세요. (33~50)

〈보기〉
字 → 글자 자

(33) 時
(34) 中
(35) 王
(36) 韓
(37) 重
(38) 東
(39) 事
(40) 物
(41) 空
(42) 方
(43) 市
(44) 民
(45) 秋
(46) 左
(47) 邑
(48) 姓
(49) 軍
(50) 間

※ 다음 漢字語(한자어)의 뜻을 우리말로 쓰세요. (51~52)

(51) 少女
(52) 南門

※ 다음 訓(훈)과 音(음)에 맞는 漢字(한자)를 〈보기〉에서 골라 그 번호를 쓰세요. (53~62)

〈보기〉
① 色 ② 姓 ③ 旗 ④ 內
⑤ 電 ⑥ 民 ⑦ 空 ⑧ 同
⑨ 市 ⑩ 來

(53) 올 래(내)
(54) 성씨 성
(55) 빛 색
(56) 빌 공
(57) 백성 민
(58) 한가지 동
(59) 안 내

(60) 저자 시
(61) 번개 전
(62) 기 기

※ 다음 漢字(한자)의 상대 또는 반대되는 漢字(한자)를 〈보기〉에서 골라 그 번호를 쓰세요.(63~64)

―〈보기〉―
① 下   ② 入   ③ 中
④ 口   ⑤ 外   ⑥ 五

(63) 出
(64) 上

※ 다음 문장에서 밑줄 친 단어의 漢字(한자)를 〈보기〉에서 골라 그 번호를 쓰세요.(65~66)

―〈보기〉―
① 世上 ② 上下 ③ 來日 ④ 未來

(65) 나는 내일 학교에 가지 않습니다.
(66) 세상은 넓고 할 일은 많습니다.

※ 다음 문장에서 밑줄 친 단어와 같은 뜻을 지닌 漢字(한자)를 〈보기〉에서 골라 그 번호를 쓰세요.(67~68)

―〈보기〉―
① 正   ② 下   ③ 直   ④ 上

(67) 곧은 심성이 대나무 같습니다.
(68) 책상 아래에 연필이 떨어져 있습니다.

※ 다음 물음에 답하세요.(69~70)

(69) 村 ㉠획은 필순에서 몇 번째에 해당하는지 아래에서 골라 번호를 쓰세요.

① 세 번째   ② 네 번째
③ 다섯 번째   ④ 여섯 번째

(70) 東 ㉠획은 필순에서 몇 번째에 해당하는지 아래에서 골라 번호를 쓰세요.

① 네 번째   ② 여섯 번째
③ 일곱 번째   ④ 여덟 번째

第2回 漢字能力檢定試驗 7級 問題紙

꼭 책 뒷부분에 있는 답안지에 답을 쓰기 바랍니다.

※ 〈보기〉와 같이 다음 漢字語(한자어)의 讀音(독음)을 쓰세요. (1~32)

〈 보기 〉
父母 → 부모

(1) 靑春
(2) 西方
(3) 水平
(4) 農夫
(5) 王國
(6) 年上
(7) 大國
(8) 邑內
(9) 工場
(10) 漢字
(11) 軍人
(12) 出入
(13) 小國
(14) 活氣
(15) 地名
(16) 國土
(17) 安全
(18) 秋夕
(19) 下山
(20) 人間
(21) 小門
(22) 正直
(23) 生命
(24) 時間
(25) 長文
(26) 電氣
(27) 空中
(28) 北上
(29) 一時
(30) 前後
(31) 老年
(32) 人間事

※ 〈보기〉와 같이 다음 漢字(한자)의 訓(훈)과 音(음)을 쓰세요. (33~50)

〈 보기 〉
字 → 글자 자

(33) 南
(34) 春
(35) 洞
(36) 車
(37) 內
(38) 場
(39) 大
(40) 旗
(41) 直
(42) 有
(43) 每
(44) 世
(45) 老
(46) 靑
(47) 電
(48) 村
(49) 全
(50) 後

※ 다음 漢字語(한자어)의 뜻을 우리말로 쓰세요. (51~52)

(51) 問答
(52) 日月

※ 다음 訓(훈)과 音(음)에 맞는 漢字(한자)를 〈보기〉에서 골라 그 번호를 쓰세요. (53~62)

〈 보기 〉
① 每 ② 王 ③ 平 ④ 直
⑤ 里 ⑥ 中 ⑦ 右 ⑧ 世
⑨ 全 ⑩ 立

(53) 매양 매
(54) 온전할 전
(55) 마을 리(이)
(56) 임금 왕
(57) 곧을 직
(58) 설 립(입)
(59) 평평할 평

(60) 가운데 중
(61) 인간 세
(62) 오른 우

※ 다음 漢字(한자)의 상대 또는 반대되는 漢字(한자)를〈보기〉에서 골라 그 번호를 쓰세요. (63~64)

〈보기〉
① 右 ② 冬 ③ 夕
④ 全 ⑤ 前 ⑥ 春

(63) 夏
(64) 左

※ 다음 문장에서 밑줄 친 단어의 漢字(한자)를〈보기〉에서 골라 그 번호를 쓰세요. (65~66)

〈보기〉
① 人間 ② 人物 ③ 十里 ④ 十理

(65) 시장까지는 십 리가 넘습니다.
(66) "그 녀석 인물이 참 좋구나."

※ 다음 문장에서 밑줄 친 단어와 같은 뜻을 지닌 漢字(한자)를〈보기〉에서 골라 그 번호를 쓰세요. (67~68)

〈보기〉
① 市 ② 民 ③ 重 ④ 名

(67) 선생님이 내 이름을 부릅니다.
(68) 가방이 무겁습니다.

※ 다음 물음에 답하세요. (69~70)

(69) 農 ㉠획은 필순에서 몇 번째에 해당하는지 아래에서 골라 번호를 쓰세요.

① 여덟 번째   ② 열 번째
③ 열한 번째   ④ 열두 번째

(70) 海 ㉠획은 필순에서 몇 번째에 해당하는지 아래에서 골라 번호를 쓰세요.

① 두 번째   ② 세 번째
③ 네 번째   ④ 다섯 번째

第3回 漢字能力檢定試驗 7級 問題紙

※ 〈보기〉와 같이 다음 漢字語(한자어)의 讀音(독음)을 쓰세요. (1~32)

〈보기〉
父母 → 부모

(1) 午前
(2) 國民
(3) 小事
(4) 靑年
(5) 春夏
(6) 有名
(7) 南北
(8) 校外
(9) 春秋
(10) 場所
(11) 里長
(12) 邑內
(13) 國內
(14) 中心
(15) 白色
(16) 左右
(17) 來年
(18) 年下
(19) 大門
(20) 平日
(21) 市場
(22) 洞長
(23) 國有
(24) 東門
(25) 自動
(26) 中間
(27) 少年
(28) 重力
(29) 靑春
(30) 時間
(31) 東方
(32) 全校生

※ 〈보기〉와 같이 다음 漢字(한자)의 訓(훈)과 音(음)을 쓰세요. (33~50)

〈보기〉
字 → 글자 자

(33) 夏
(34) 農
(35) 長
(36) 命
(37) 前
(38) 年
(39) 正
(40) 北
(41) 所
(42) 活
(43) 漢
(44) 工
(45) 上
(46) 午
(47) 平
(48) 白
(49) 外
(50) 國

※ 다음 漢字語(한자어)의 뜻을 우리말로 쓰세요. (51~52)

(51) 大國
(52) 活氣

※ 다음 訓(훈)과 音(음)에 맞는 漢字(한자)를 〈보기〉에서 골라 그 번호를 쓰세요. (53~62)

〈보기〉
① 場　② 少　③ 事　④ 名
⑤ 入　⑥ 主　⑦ 活　⑧ 午
⑨ 漢　⑩ 命

(53) 들 입
(54) 마당 장
(55) 이름 명
(56) 적을 소
(57) 살 활
(58) 낮 오
(59) 한나라 한

(60) 목숨 명
(61) 주인 주
(62) 일 사

※ 다음 漢字(한자)의 상대 또는 반대되는 漢字(한자)를 〈보기〉에서 골라 그 번호를 쓰세요. (63~64)

─〈 보기 〉─
① 月　② 土　③ 東
④ 南　⑤ 前　⑥ 出

(63) 後
(64) 北

※ 다음 문장에서 밑줄 친 단어의 漢字(한자)를 〈보기〉에서 골라 그 번호를 쓰세요. (65~66)

─〈 보기 〉─
① 老人　② 老年　③ 姓名　④ 成名

(65) 빈칸에 성명을 적으세요.
(66) 그의 노년은 외롭습니다.

※ 다음 문장에서 밑줄 친 단어와 같은 뜻을 지닌 漢字(한자)를 〈보기〉에서 골라 그 번호를 쓰세요. (67~68)

─〈 보기 〉─
① 白　② 青　③ 外　④ 出

(67) 바깥으로 뛰쳐나갔습니다.
(68) 푸른 초원이 펼쳐져 있습니다.

※ 다음 물음에 답하세요. (69~70)

(69) 國　㉠획은 필순에서 몇 번째에 해당하는지 아래에서 골라 번호를 쓰세요.

① 여섯 번째　② 일곱 번째
③ 여덟 번째　④ 아홉 번째

(70) 命　㉠획은 필순에서 몇 번째에 해당하는지 아래에서 골라 번호를 쓰세요.

① 세 번째　② 네 번째
③ 다섯 번째　④ 여섯 번째

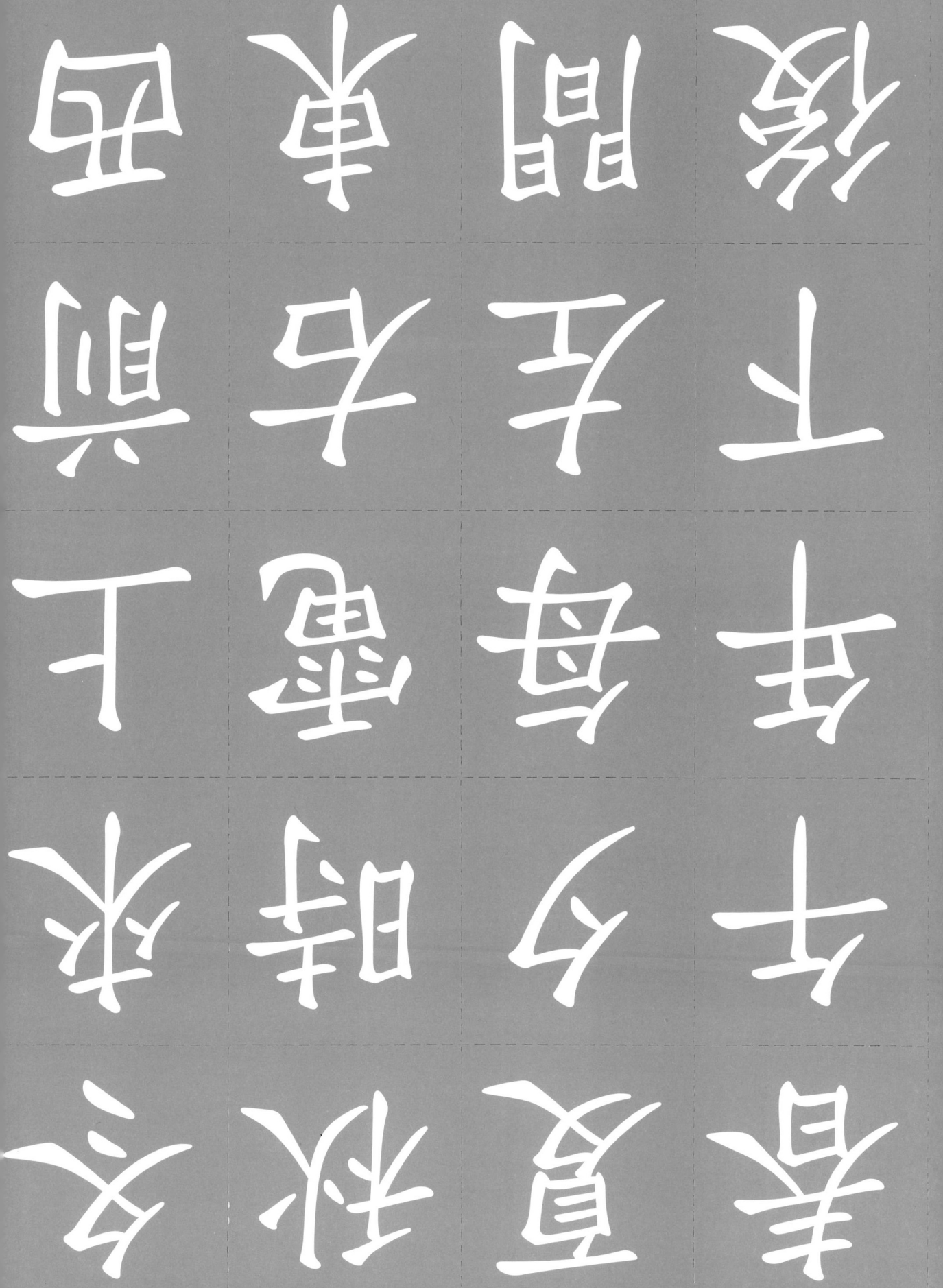

南	北	内	外
出	入	方	所
韓	民	國	軍
主	立	世	漢
市	旗	正	直

事	工	姓	名
物	車	主	洞
邑	里	村	場
農	同	大	中
小	平	少	重

長 青 白 色
人 老 命 活
不 有 空 全
旗 農 場 國
洞 電 後 漢